Research on Industrial Digital Transformation

产业数字化转型研究

彭 程 王宏利 ◎ 著

中国财经出版传媒集团

经济科学出版社
Economic Science Press

前　言

如今，数字经济在我国发展得风起云涌，大数据、人工智能、移动互联网、云计算、5G 等新一代信息技术逐渐融入各行各业的发展，为产业上下游企业的资产、设备、组织和人员重新赋能，与此同时，传统企业正面临全新的挑战与机遇。

为跟随数字化转型的浪潮，越来越多的企业已经着手制定数字化战略并采取行动。然而，在实践中，很多企业发现存在诸多问题。例如，针对数字化的认知不全面，策略不明确，执行不到位，效果不明显，更有很多产业的数字化转型在几番探索未见明显效果后，无疾而终。

写作本书的目的是希望对产业数字化转型的理论及实现路径加以总结、提炼，帮助更多企业进行数字化转型，并探索产业未来数字化转型的态势，深刻理解数字化转型的价值所在，开启产业数字化转型之路，抓住新一轮的数字化变革浪潮，借助新一代数字技术，实现产业的数字化商业变革，迎接更加美好的未来。

本书内容共分为七章，围绕产业数字化转型、路径和最佳实践方式展开。本书深入剖析了产业数字化转型的理论基础、战略要义及地域特征；分析了以"大智移云"为代表的新基建的内涵和外延，展现我国智能科技的发展；着重介绍了产业数字化转型目标、产业数字化转型典型实践，并推出对策与建议。希望本书可以为读者提供全面立体的产业数字化全景图和一些有价值的参考。

由于时间和水平有限，本书在编写过程中可能存在不当或疏漏之处，恳请读者批评斧正。

目 录

CONTENTS

第一章 产业数字化转型的战略要义

1

自 2020 年新冠疫情暴发以来，不确定、不稳定因素逐渐增多，世界经济严峻复杂，在此背景下，党的十九届五中全会指出，要推动数字经济和实体经济深度融合，加快构建以国内大循环为主体、国内国际双循环相互促进的新发展格局，加快数字经济相关技术发展，为传统行业转型升级带来新的契机。

数字经济的发展，增强了数据的资源属性。数据在企业发展中的作用不断凸显，数据已经成为企业发展的关键生产要素，逐渐渗透到企业的战略、运营和生产当中。数据流带动企业的全价值流转变，包括技术流、资金流、人才流及物资流，对传统产业进行自上而下的全方位、全角度改造，加速推进传统产业向数字化、网络化、智能化转型升级。数字经济的重要生产力是数据要素，激活数据要素价值，发挥数据要素在数字社会发展中基础性、支撑性的关键作用是助力我国数字经济发展的重要举措。企业数字化转型的程度已经成为衡量企业核心竞争力的决定性因素。产业发展涉及产业效率、产业组织、产业竞争等多个方面，数字技术对产业发展的价值影响也是多方面的。产业数字化转型恰逢其时，应变于新。产业需要主动拥抱变革和挑战，突破传统经营活动的界限，数字化转型是启动发展的新引擎。

一、产业数字化转型的理论基础

随着社会的发展，产业结构适应于社会的需求而不断变迁，影响这一产业结构演变的因素主要有内生与外生两种因素。内因是指事物发展变化的内部原因，是事物自身的矛盾；外因是指事物之间的相互联系、相互影响，是事物变化的条件。内因是事物变化的根据，外因是事物变化的条件，外因必须通过内因起作用，外因和内因共同推动事物的发展。对于产业转型来说，内生取决于生产要素、生产力和生产关系的变化，只有与生产要素结构相适应的产业结构才是资源配置最优的产业结构；外生取决于社会消费动因，以及由技术进步与组织变革导致的创新因素，外因对生产的调整和升级起着导向作用。古典经济学把土地、劳动、资本作为三大要素，第二次世界大战后的科技和产业变革中，创新对经济发展的作用更加凸显，技术成了生产要素。当今，在数字经济快速发展并重塑全球经济格局的背景下，数据逐渐成为战略性资源和新的生产要素。随着生产资料的不断演进，与之相适应的产业结构也必然会不断升级，只有这样才能充分释放数据这个关键生产要素的价值。

产业数字化转型是内因与外因之间相互影响的过程。社会的发展和进步，使得生产要素、生产关系产生新的变化，产业高质量发展需要对产业转型提出新的要求。在传统模式难以为继的情形下，产业数字化转型的出现能够带来新契机，而包括"大智移云"技术在内的新型信息化技术发展也为产业升级奠定了坚实的基础。产业实现高质量发展也对数字技术提出了更高的要求，在传统生产要素驱动乏力的背景下，数字技术的应用为产业发展注入了新的活力。

与传统的产业经济相比，产业数字化转型的蓬勃发展赋予生产要素、生产力和生产关系新的内涵和活力，不仅在生产力方面推动了劳动工具的数字化，而且在生产关系层面构建了以数字经济为基础的共享合作生产关系，促进了组织平台化、资源共享化和公共服务均等化，催生出共享经济等新业态、新模式，改变了传统的商品交换方式，提升了资源优化配置水平。从这个角度看，产业数字化将极大地解放和发展社会生产力，优化生产关系和生产方式，重构产业体系和经济体系。

二、产业数字化转型的基本概念

对产业数字化转型的理解，包括广义与狭义两个方面。

广义理解产业数字化转型，由中央重要会议和领导人讲话提出，其含义和范畴会根据发展形势及工作需要与时俱进。2022 年 3 月的全国人民代表大会第五次会议中提出"传统产业数字化智能化改造加快，新兴产业保持良好发展势头。"主要理解为包含支撑产业数字化转型所需的经济、社会体系等外部支撑环境全方位的转变。从经济维度上看，主要涵盖数字化背景下的经济结构、创新体系、市场竞争方式、贸易规则的全面转变；从社会维度上看，主要包括社会治理模式、就业模式、教育体系等可持续发展问题。

产业的高水平发展是产业数字化转型的主要目的，围绕着这一核心要素挖掘数字技术对产业效率、产业组织结构、产业跨界融合、产业升级等方面的影响，揭示数字技术应用对于传统产业升级的影响机理。

狭义理解产业数字化转型，围绕业务流程将大数据、云计算、人工智能、物联网、先进生产方法等前沿技术与生产业务相结合，以数据为关键要素，打通不同层级与行业间的数据壁垒，改变产业原有的商业模式、组织结构、管理模式、决策模式、供应链协同模式，通过扁平的产业形态、高效的业务流程、完善的客户体验、广阔的价值创造、新兴的产业生态，实现产业协同发展与转型升级。

2022 年 1 月，国务院印发《"十四五"数字经济发展规划》，指出数字经济是继农业经济、工业经济之后的主要经济形态，是以数据资源为关键要素，以现代信息网络为主要载体，以信息通信技术融合应用、全要素数字化转型为重要推动力，促进公平与效率更加统一的新经济形态。2021 年 3 月，第十三届全国人民代表大会第四次会议通过了《中华人民共和国民经济和社会发展第十四个五年规划和 2035 年远景目标纲要》，指出至 2035 年基本实现新型工业化、信息化、城镇化、农业现代化，建成现代化经济体系。目前，我国数字经济居世界领先地位，2017～2021 年，我国数字经济规模总量稳居世界第二位，从 27.2 万亿元增至 45.5 万亿元，年均复合增长率达 13.6%，占国内生产总值比重从 32.9% 提升至 39.8%，成为推动经济增长的主要引擎之一。① 数字经济所具有的高创新性、强渗透性、广覆盖性，使其不仅成为新的经济增长点，还成为构建现代化经济体系的重要引擎，为改造提升传统产业提供了支点。数字技术、数字经济可以推动各类资源要素快捷流动、各类市场主体加速融合，助力市场主体重构生产和管理的组织形式、业务流程，实现跨界融合发展，打破时空阻隔，延伸产业链、价值链、供应链、创新链，从而为加快构建以国内大循环为主体、国内国际双循环相互促进的新发展格局提供重要支撑。数字经济正在成为重组全球要素资源、重塑全球经济结构、改变全球竞争格局的关键力量。因此，我们更应坚持把做强做优做大数字经济作为经济发展的突破口，准确把握数字经济发展趋势与规律，全力打造数字经济发展新龙头，铸就全面振兴、

---

① 《数字中国发展报告（2021 年）》发布 我国建成全球规模最大网络基础设施［EB/OL］. 光明网，2022 - 07 - 24.

全方位振兴新优势。发展数字经济是产业结构升级和经济结构战略性调整的重要方向。

从产业发展角度来说，数字经济包括数字产业化和产业数字化。数字产业化主要表现为充分发挥数字技术的经济优势进行技术创新，衍生出全新的产业，主要以信息与通信技术产业为代表；产业数字化主要表现为利用先进数字技术改造传统产业，收集有用数据，并应用于产业发展，助力传统产业转型升级，进而提升产业的生产率。数字经济应用于社会生产的各个环节，其中数据作为最关键的核心生产要素不容忽视。产业根据需求收集大量数据，经处理分析后转化为具有经济价值的数字信息，这些数字信息具有零边际成本、复制无差异的特性，是企业转型升级过程中最具竞争力的战略性资源，能够推动产业技术的革新完善，更好地获得最大流量值，进而产生盈利。

根据中国信息通信研究院发布的《中国数字经济发展白皮书（2021年)》显示，2020 年我国产业数字化规模达到 31.7 万亿元，占 GDP 的比重为 31.2%。技术是产业发展的基础，产业实现高质量发展对技术提出了更高的要求。在传统要素驱动乏力的背景下，数字技术的应用为产业发展注入了新的活力。同时，数字技术本身的改进能够更好地推动产业发展。产业发展涉及产业效率、产业组织、产业竞争等多个方面，数字技术应用对产业发展的影响表现在产业效率提升、重构产业的组织模式、产业跨界融合、赋能产业升级四方面。

三、新冠疫情加速产业数字化转型

新冠疫情在给全球经济带来重大危机的同时，也给产业数字化转型带来了加速发展的机遇。新冠疫情从需求侧和供给侧两方面促进产业数字化转型，基于需求侧来看，经过数十年的高速发展，中国经济潜在增长率已呈现下降趋势，支撑经济增长的人口、投资、外贸、基建等要素不断衰减，经济发展亟须新动力。另一方面，新冠疫情的冲击激发了政府与企业的数字化转型意愿。基于供给侧来看，疫情防控使数字经济的线上优势得到了较为充分的体现。企业可以利用数字技术打破时空局限，以信息流为牵引，促进产业供应链中物流、资金流、商流快速重组融合。"新基建"等基础设施的不断建设完善，增强了数据存储、传输和计算能力，为产业数字化转型打下了良好的基础。

四、"新基建"为产业数字化转型提供良好支撑

传统基础设施建设主要指铁路、公路、机场、港口、水利设施等建设项目，在我国经济发展过程中具有重要的基础作用。"新基建"主要指以5G、数据中心、人工智能、工业互联网、物联网为代表的新型基础设施，本质上是信息数字化的基础设施。2018年，习近平总书记在全国网络安全和信息化会议上提出，要重视信息基础设施建设。[①] 随后在中央的多次重要会议中新基建等议题被频繁提起，彰显了国家对新型基础设施建设的关注。央视《新闻联播》持续跟进报道，我国立足中长期发展，加速构建现代化基础设施体系，"东数西算"[②] 等工程全面启动提速，在内蒙古、甘肃、宁夏等中西部地区有10个国家数据中心正在加快建设。

---

① 习近平. 敏锐抓住信息化发展历史机遇 自主创新推进网络强国建设 [EB/OL]. 人民网，2018 - 04 - 21.

② "东数西算"是指通过构建数据中心、云计算、大数据一体化的新型算力网络体系，将东部算力需求有序引导到西部，优化数据中心建设布局，促进东西部协同联动。

相较于传统基建项目，"新基建"对经济的直接拉动作用并不显著，其价值更多地体现在支撑数字化转型建设、培养经济增长新动能方面。随着5G、数据中心、云计算设施等新型数字基础设施快速启动建设，数字经济转型支撑能力不断提升，同时为产业数字化转型提供更多性能优良、分布广泛的数字化工具和资源，更好地支撑数据流、信息流高效流转，赋能产业数字化转型。产业数字化转型对信息网络的要求较为苛刻，首先在高精度、低延迟、互操作、安全性、低功耗等方面有着更高水平的要求。以制造业为例，首先需要生产环节的广泛接入，能感知生产线的每一个细微参数（物联网技术）；其次需要大量的存储空间，万物互联的数据量十分惊人（数据中心技术）；再次需要安全、高速、低时延的网络（5G网络技术）；最后还需要对生产过程各环节的智能化控制（人工智能技术）。此外，这些都需要强大的算力支撑（云计算技术）。"新基建"为产业数字化转型提供了良好的技术支撑，使产业数据化转型的深入发展成为可能。

五、产业数字化转型支持政策加速出台

国家推进数字化转型的认识和决心不断强化，不断出台支持政策，数字化转型的发展环境不断优化。《中华人民共和国国民经济和社会发展第十四个五年规划和2035年远景目标纲要》将"加快数字化发展，建设数字中国"单独成篇，提出以数字化转型整体驱动生产方式、生活方式和治理方式变革，在顶层设计中明确数字化转型的战略地位。各省级"十四五"规划也都强调加快产业数字化转型，推动数字化赋能各行各业。

地方政府瞄准数字化转型助力经济增长的巨大潜力，出台一系列政

策文件。上海发布《关于全面推进上海城市数字化转型的意见》《上海市建设100＋智能工厂专项行动方案（2020—2022年)》等政策，提出构建数据驱动的数字城市基本框架，持续开展智能工厂建设行动，推进重点行业的数字化、网络化、智能化升级。北京发布《北京市促进数字经济创新发展行动纲要（2020—2022年)》，开展农业、工业、服务业数字化转型工程，持续深化三次产业数字化转型，稳步推进中小企业数字化赋能，显著提升产业数字化水平。深圳发布《深圳市数字经济产业创新发展实施方案（2021—2023年)》，推进互联网、大数据、云计算、人工智能等数字技术在制造业、服务业领域的全面渗透和深度融合应用，持续引领产业迭代升级和经济高质量发展。江苏省出台《关于加快统筹推进数字政府高质量建设的实施意见》《关于全面提升江苏数字经济发展水平的指导意见》《江苏省制造业智能化改造和数字化转型三年行动计划》《江苏省"十四五"数字经济发展规划》等政策，全方位推进区域经济数字化转型。具体措施为积极创建国家"5G＋工业互联网"融合应用先导区；努力建成创新驱动、应用引领、生态活跃的全国工业互联网领先地区；支持国家级江苏（无锡）车联网先导区建设；探索建设金融支持科技创新改革试验区、数字货币试验区。浙江省响应中央的政策方针，发布《浙江省数字化改革总体方案》《浙江省新一轮制造业"腾笼换鸟、凤凰涅槃"攻坚行动方案（2021—2023年)》《长三角区域一体化发展信息化专题组三年行动计划（2021—2023年)》《浙江省数字经济发展"十四五"规划》《浙江省数字基础设施发展"十四五"规划》等政策，全面推动产业数字化。实施数字赋能行动，推动数字技术与实体经济深度融合，加快推进农业、工业、服务业数字化转型。优化"1＋N"工业互联网生态，打造工业互联网国家示范区，支持宁波打造国家工业互联网平台应用创新推广中心。加快国家新一代人工智能创新发展试验区建设。推动企业"上云用数赋智"，推广共享制造、未来工厂、虚拟产业园等智能制造新模式。

六、产业数字化转型的地域特征

根据《中国数字经济发展白皮书（2021）》，2020年数字经济规模超过1万亿元的省份有13个，均分布在东部和中部地区（13个省份分别为：广东、江苏、山东、浙江、上海、北京、福建、湖北、四川、河南、河北、安徽、湖南），其中东部地区省份的数字经济规模相对更大。2020年，广东、江苏、浙江、上海、北京、福建6个东部地区省份的数字经济规模总计19.16万亿元，占全国数字经济规模的48.9%（见图1-1）。而西部地区的数字经济发展相对较慢，数字化程度较低，与东部地区形成明显差异。在产业数字化方面，广州、深圳数字技术创新动能强劲，数字产业集群优势突出，"双城"联动形成技术创新和产业发展的整体合力，成为全国数字产业的增长极。一方面，数字产业是广州、深圳经济增长最活跃的因素。2020年广州电子及通信设备制造业增加值增长24.1%，软件和信息技术服务业务收入增长18.5%，跨境电商总值增长80.1%，深圳数字产业增加值增长18.0%；2020年1~10月，广州和深圳在互联网、软件和信息技术服务业累计实现营业收入7024亿元，均实现两位数以上增长。另一方面，广州、深圳借助其自身创新资源丰富、产学研机制完善优势，共同推进数字产业创新链条延伸拓展，携手抢占数字产业发展新高地。广州支持以深圳为主阵地建设综合性国家科学中心，深圳积极推动两地重大创新载体合作发展，中新广州知识城、南沙科学城等"一区三城"与深圳市光明科学城、深港科技创新合作区等广深港澳科技创新走廊重要节点间建立对接联络机制。2020年，广州和深圳签署了科技创新、智能网联汽车产业、智能装备产业、基础设施等 7 项合作协议，推动广深联动发展进入新阶段。

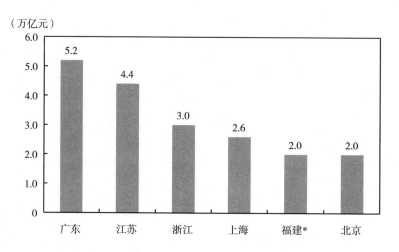

图 1-1　2020 年部分东部省份数字经济规模

注：* 福建省仅公布数字经济规模超过 2 万亿元，暂无具体数据。

资料来源：中国信息通信研究院。

在产业数字化转型方面，杭州在电子商务、互联网金融、共享经济等领域不断涌现出新业态新模式，引领带动全国数字经济发展，成为全国服务业数字化的增长极。一方面，杭州正持续做强电商等优势产业。比如，随着全国首个跨境电商综试区的建设发展，杭州加快构建"天、铁、海、陆"一体智能物流体系，加速 eWTP 示范区等新电商重点项目建设，不断优化电商发展环境。另一方面，杭州新模式新业态探索引领全国。杭州是全国第一个实现无纸币城市，移动支付在普及率、覆盖广度、服务深度等方面，均位居全国第一。新冠疫情流行期间，首创于杭州的"健康码"在疫情防控中发挥了巨大作用，杭州"健康码"上线十余天就被全国 200 多个城市借鉴，杭州"健康码"不断迭代升级，在助力复工复产方面发挥了积极作用，是杭州数字赋能社会治理的一项重要创新实践。

第二章 产业数字化转型的战略基石

一、大数据打造产业互联网底座

（一）大数据技术的内涵

数据是一种可循环利用的生产资源，可源源不断地汲取和使用，而且会不间断地持续增加，并能为各种不同的行业带来新的机遇与挑战。大数据技术发展逐渐加速给经济增长增加了新动能，也深刻影响企业发展的方向。传统产业借助大数据转型升级，实现数字产业的蝶变式发展。2020 年 4 月 9 日，中共中央、国务院印发《关于构建更加完善的要素市场化配置体制机制的意见》，首次提出生产要素市场化配置。把生产要素分类为土地、劳动力、资本、技术、数据五个方向，与传统的要素分配相比，增加了数据作为新的生产要素，着重强调了数据在现代经济活动中的地位。自此，大数据从一个刚刚兴起不久的信息技术，逐渐转变为当前经济社会发展各个行业的要素、资源、动力、观念的一部分。

早在 2014 年大数据战略就已写入政府工作报告，截至目前我国的大数据战略布局已经历了筹划阶段、实施阶段和深化阶段。筹划阶段，国务院印发《促进大数据发展的行动纲要》，大数据在国家方针中明确提出。实施阶段，工信部发布《大数据产业发展规划（2016—2020年)》，党的十九大报告提出"推动大数据与实体经济深入融合"。深化阶段，党的十九届四中全会提出"数据作为生产要素按贡献参与分配"，"十四五"规划各个篇章都强调了大数据的重要作用。《大数据产业发展规划（2016—2020 年)》发布，将大数据产业高质量发展定为主题。

大数据技术包括以下三个方面：一是基于流式或批量的结构化数据与非结构化数据的实时获取、解析与基础运算；二是基于大数据架构的大数据高并发访问，关系型或键值型的大规模数据存储；三是基于大数据机器学习、深度学习、深度挖掘算法的数据建模。从对象角度看，大数据是大小超出典型数据库软件采集、储存、管理和分析等能力的数据集合。需要注意的是，大数据并非大量数据简单、无意义的堆积，数据量大并不意味着一定具有可观的利用前景。由于最终目标是从大数据中获取更多有价值的"新"信息，所以必然要求这些大量的数据之间存在着或远或近、或直接或间接的关联性，才具有相当的分析挖掘价值。数据间是否具有结构性和关联性，是"大数据"与"大规模数据"的重要差别。从技术角度看，大数据技术是从各种各样类型的大数据中，快速获得有价值信息的技术及其集成。"大数据"与"大规模数据""海量数据"等类似概念间的最大区别，就在于"大数据"这一概念中包含着对数据对象的处理行为。为了完成这一行为，从大数据对象中快速挖掘更多有价值的信息，使大数据"活起来"，就需要综合运用灵活的、多学科的方法，包括数据聚类、数据挖掘、分布式处理等，这就需要拥有对各类技术、各类软硬件的集成应用能力。可见，大数据技术是使大数据中所蕴含的价值得以发掘和展现的重要工具。从应用角度看，大数据是对特定的海量数据集合、集成大数据应用技术、获得有价值信息的行为。正由于与具体应用紧密联系，甚至是一对一的联系，才使得"应用"成为大数据不可或缺的内涵之一。

大数据技术的内涵和外延随着数据储存量的增长和信息技术的发展不断演变，其核心始终为面向海量数据的存储、计算、处理等基础技术。随着产业数字化转型的推进，大数据技术的发展重点也从促进效率提升转化为赋能产业组织升级，利用平台释放业务潜能。随着数字化基础设施的建设成熟，为业务赋能的数据分析工作成为转型重点。数字资产化和资产数字化也将促进数字经济加速崛起，并与产业数字化融合促进社会生产力的快速发展，使人类经济社会进入新的阶段。

（二）大数据技术的外延

1. 大数据的储存技术

大数据的储存技术理论、工具及处理目标随着时代的发展不断更新迭代，近40年的发展历程主要分为三个阶段，如表2-1所示。

表2-1 数据平台技术演变

时间	技术理论	技术工具	处理目标
1980～1991年	数据仓库理论	关系性数据库	少量、结构化数据分析处理
2000～2010年	云计算理论	实现家电第一品牌	大量、非结构化数据分析处理
2010～2020年	一体化数字平台	创造国际品牌	大量非结构化、数据的高效处理

2. 大数据的处理技术

大数据的处理技术正在成为企业经营决策可信赖的决策要素来源、企业业务经营分析的有效工具、公共治理的新手段。数据价值化、数据资源化为企业增值发展创造了新引擎。数据价值化直观展现为可以给企业提供统一的客户可视画像，基于此展现用户来源、用户行为、用户标签、用户需求、用户营销，助力企业完成客户全生命周期的管理。

大数据的处理技术服务可促进数据交易。数据交易是市场经济条件下促进数据要素市场流通的基本方式，参与主体涵盖数据供给方、数据需求方、数据交易平台、评估机构、服务机构以及外围的其他部门。数据交易的核心在于数据的开发利用，不在于所有权的转移。现阶段，无论从现实需求看还是从政策导向看，单纯的数据交易模式难以为继，数据交易必须结合特定场景，逐步探索交易规则。当前应重点发展数据服务，在保障隐私和安全的前提下释放数据价值。

数据采集产业涉及的主要生产者包括采集设备提供商、数据采集解决方案提供商两类。数据采集设备提供商为数据采集提供传感器、采集器等专用采集设备和智能设备。例如，工业数据采集通过智能装备本身或加装传感器方式采集生产现场数据，包括设备数据、产品数据、过程数据、环境数据、作业数据等。数据采集解决方案提供商通过人工采集服务、系统日志采集系统、网络数据采集系统等方式为客户提供解决方案。

二、人工智能与产业深度融合发展

（一）人工智能发展概述

人工智能是通过详细钻研、探索来模拟人的智能的技术，同时也是开发人的智能应用系统的新的技术科学。约翰·麦卡锡在 1956 年首次提出人工智能的概念，并将其定义为"制造智能机器的科学与工程"。人工智能的目的就是让机器能够模拟人一样通过数据接收指示并作出一系列反应，得到与人类智能反应相接近的结果。最近十年得益于计算机技术的高速发展，机器学习、深度学习等算法的突破，以及海量数据的产生与积累，人工智能开始大规模地从学术研究走向产业实践，积极应用于计算机视觉、智能语音、文本以及自然语言的识别等领域。

（二）人工智能发展层次结构

基础设施层。在人工智能的发展历史中，算法层和技术层的发展都与基础设施的每一次演变息息相关。从 20 世纪 70 年代开始，在计算机的发展过程中，每一次重大变革都产生了较大的影响力。到 21 世纪，随着数据的变迁与累积，芯片技术的成熟提升了运算力，深度学习逐渐成为社会热点，引起了人工智能迅猛的发展，其中大数据的收集与采纳极大促进了人工智能的发展。

算法层。机器学习是指利用计算机模拟或实现人类的学习行为，从数据中挖掘关联信息，获取新技能，重新组织知识结构改善性能。而深度学习作为机器学习的一个子集，使用了更多的参数，模型也更复杂，具有出色的处理复杂任务的能力。在拥有海量数据的条件下，深度学习可以通过增大模型达到更高的准确率。目前阿里巴巴、华为、中国科学院等企事业机构相继推出基于深度学习的超大规模预训练模型，并在自然语言理解任务上的评分达到 90% 以上。

计算机视觉（computer vision）是计算机科学领域中利用计算机替代人类视觉，创建可以开展信息提取、处理、理解，以及解析图像内容和图片含义的数字系统。其中，人脸识别技术的应用最为广泛，应用场景主要集中在工业生产、智能家居、智能安防、虚拟现实技术、电商搜图购物、美颜特效等领域。人脸识别技术可以通过多场景、多任务、标准化人脸图像输入，实现参数共享，有助于解决不同场景重复 ID 的问题，提高模型更新迭代效率。同时，通过搭建"多场景联合训练＋跨场景对抗训练"的人脸识别训练框架，在只有少量标注数据的情况下，可以训练出高准确率、跨场景识别的人脸识别模型。

自然语言处理（natural language processing，NLP）技术是计算机科学领域与人工智能领域研究人与计算机交互的语言问题的一门科学，它主要研究能实现人与计算机之间用语言进行沟通的各种理论和方法。实现人与计算机交互的语言问题，是计算机科学领域与人工智能领域中关注的问题。目前，自然语言处理技术在机器翻译、文本分类与校对、信息抽取、语音合成与识别等领域已经取得一定成效。在国内，人工智能合成语音机器人正成为营销机器人场景落地的重要契机，主要利用端对端语音合成、视频生成、人脸3D建模及微表情控制等人工智能虚拟数字人技术，通过获取目标人物少量的视频、音频素材，合成该人物逼真生动的讲话视频，打造大批量、低成本、定制化视频制作的全新模式。

（三）政策组合拳为人工智能产业融合提供了机会

随着人工智能对于产业数字化与智能化的重要性日益凸显，全球各国通过激励政策推动人工智能发展。欧盟不断加大对人工智能产业的支持力度，将其纳入投资总额高达955亿欧元的"地平线欧洲"计划。美国通过《美国创新与竞争法案》将人工智能纳入2022财年研发预算优先事项，未来计划投入上百亿美元进行研发工作。英国启动国家人工智能与创新计划，2014～2021年累计投入23亿英镑支持人工智能研究。我国从2017年起将支持人工智能发展连续三次写入政府工作报告，"十四五"规划纲要中明确了大力发展人工智能产业，把重点转入产业集群和传统产业中。

人工智能对于海量信息的分析能力使得深度学习拥有了作为科学研究的核心工具的潜力，使得数据和算法在科研工作中的重要性大大提升。形成科学研究的第四范式，即先拥有数据，再通过算法找到原本未知的结论，通过实验验证该结论、解释该结论并诠释其原理。通过算法得出的结论并非强因果的，而是强相关的。挖掘数据间的联系，使得科研更加高效。

三、移动互联网构建数字化基础设施

产业数字化转型的痛点是大连接、低时延、高速率、广覆盖的网络连接。5G 移动互联网利用技术优势帮助企业进行变革与重组，其中主要在传统产业下的设计、研发、生产、运营、管理、商业等方向进行，进而推动企业重新定位和改进当前的核心业务模式，成为数字化转型的关键利器，为传统企业由电子化到信息化再到数字化搭建"云梯"。进入 5G 时代后，无线通信的应用场景将实现进一步跨越，实现从移动互联到万物互联的延拓，推动"物理世界的虚拟化、数字化"。5G 与云计算、人工智能技术深度融合，向垂直行业领域渗透，为垂直行业的高质量发展带来新契机，助推城市的智能升级，推动数字经济的发展。我国已经在数字经济领域走在世界前列，从研发投入、专利数量到市场占有率均有一定优势，应抓住数字经济的发展机遇，发挥 5G 等产业效应，致力成为世界领先的数字经济强国。

（一）我国 5G 移动互联网建设处于世界领先水平

5G 移动互联网即第五代移动通信技术（5th generation mobile communication technology，5G），是具有高速率、低时延和大连接特点的新一代蜂窝移动通信技术。5G 多元化的关键性满足了 5G 多元化的应用场景需求。在 5G 时代，5G 最突出的特征为，用户体验速率达 1 千兆/秒，用户连接能力达 100 万连接/平方公里。5G 数据的传输速率比先前 4G（长期演进技术）蜂窝网络快 100 倍，最高可达每秒 10 千兆，4G 网络延迟为 30～70 毫秒而 5G 网络延迟低于 1 毫秒。基于以上特性，5G 应用可通过无线通信得以实现，再也不需要像传统一样固定带宽，这不仅增强了数字科技的远程精准输出和实时精细支持，还提升了外部场景的输出效率，营造了便捷高效的开放生态。全球移动供应商协会报告称，截至 2020 年 5 月底，全球至少 112 款 5G 设备已投入商用，商用 5G 设备的数量逐年递增。目前，在全球范围内已有 90 余个国家决定投资 5G 基础设施建设。这些国家中的 95 家运营商在已运营的网络中加入了符合 3GPP（第三代合作伙伴计划）标准的 5G 技术。80 家运营商已经在全球 40 多个国家和地区出台了符合 3GPP 标准的商用 5G 服务技术。全球一共有 380 多家运营商正在决定投资建设 5G 网络基础建设，这些网络均处于在建设初期、中期、落地等不同阶段。

（二）移动互联网是产业互联网转型的高速公路

（1）5G 移动互联网将拉动产业链上下游高速发展，有效拉动经济增长。据中国信息通信研究院统计，我国 5G 商用预计 2020～2025 年期间总产出为 10.6 万亿元的经济增加值，迂回产出经济增加值 3.3 万亿元；迂回推动约 24.8 万亿元经济总产出，迂回推动达 8.4 万亿元的经济增加值。在就业方面，预计到 2025 年 5G 将直接性提供多达 300 万个就业工作职位。由此可见，5G 不仅能改变人们的日常生活方式，还将给社会经济发展带来根本性变革。

（2）5G 移动互联网是进行数字化经济社会变革的决定性举措，强有力地推动了数字经济社会的发展。5G 技术助力了海量数据的有效传输，为垂直行业的高质量发展和数字化转型带来新的发展机遇。在很长一段时间中，自动驾驶、智能城市、智能家居等垂直应用发展速度较慢，其中没有取得进展的关键原因在于网络连接的问题。首先，由于在网络的运行过程中经常出现功耗高、可用频段少和高时延等问题，所以硬件设备在网络速度中很难连接在一起，它们只是短暂获得了连接能力，实际上并没有实现真正的联动。5G 的连接技术类别多样，不但可满足海量机器类通信，还可满足机器类通信所需成本及功耗低的要求。其次，在万物具备互联能力的基础上，大连接、低时延的 5G 网络可以实时传输前端设备产生的海量数据，提升数据采集的及时性，为流程优化、能耗管理提供网络支撑。最后，5G 技术具有媲美光纤的传输速度、万物的泛在连接和接近工业总线的实时能力。同时，5G 技术可以与云计算、人工智能技术深度融合，向垂直行业领域渗透，为垂直行业的高质量发展带来新契机，助推城市的智能升级和企业数字化转型，推动数字经济的发展。

（三）移动互联网驱动各行业广泛创新应用

（1）移动互联网满足垂直行业多样化业务需求。如何把 5G 和行业痛点结合起来驱动数字化转型是当前的重要命题。5G 场景的运用既需要供应商提供大量的基础设施建设，也需要全社会加大改革力度，推动以 5G 为主的信息通信与工业、交通、能源、农业、服务业等行业渗透融合，从而带动整个传统产业和消费的数字化、网络化、智能化转型，提升整个产业链、供应链水平，促进经济转型和带动数字经济发展。5G 革命性的意义在于，其与工业设施、医疗仪器、交通工具等的融合，满足了工业、医疗、交通等垂直行业的多样化业务需求，最终实现万物互联。

（2）边缘数据中心处于最接近用户的地方，直接为用户提供良好的服务。边缘数据中心负责实时性业务决策和大量个人隐私数据的短周期存储，具备小型化、分布式、贴近用户的特点。5G 时代的用户端将与云数据中心、边缘数据中心形成无比紧密的"云—边—端"架构。与原有的网络相比，5G 网络支持的数据量将提高 1000 倍。国际数据公司（IDC）数据显示，到 2020 年，将有超过 500 亿个终端和设备联网，其中超过 50% 的数据需要在网络边缘侧分析、处理与存储。

（3）5G 移动互联网可以增强云端能力，大幅提升终端使用便捷性。曾经需要超高硬件配置主机的大型游戏场景，在 5G 时代，随手拿起身边的 5G 手机、平板电脑就可以连接云端畅玩。在高速连接的 5G 时代，传统笔记本电脑移动连接能力弱的问题凸显，可随时随地连接网络的笔记本电脑极有可能受到大众追捧。最新的移动计算平台内置了骁龙 X55 5G 基带，支持连接几乎全世界所有运营商的所有频段，在没有 Wi - Fi（无线网）连接的情况下，可以为用户带来 7Gb/s（千兆比特每秒）的峰值下载速度，为移动办公带来便捷。5G 提升了体验效果，拓展移动终端场景。5G 赋能移动终端实时连接云端获得强大性能，应用场景对于移动终端的硬件配置要求不再苛刻，移动终端将深度渗透各行各业。例如，VR/AR 一体机广泛应用于泛娱乐行业，而现有的 LTE/家庭 Wi - Fi 尚且无法承载高质量 VR 体验。5G 可改善 VR 云游戏的画质，并降低云游戏技术中的网络时延。

四、云计算技术为产业数字化搭建"云梯"

对于云计算产业来说，过去一年称得上是"风云变幻"的一年。

新冠疫情的出现，加速了远程办公、在线教育等云服务发展，也加快了云计算应用落地进程，中央全面深化改革委员会第十二次会议就提出要鼓励运用云计算等数字技术在新冠疫情分析、病毒溯源、防控救治、资源调配等方面发挥作用。云计算是分布式计算技术的一种，它是通过网络"云"将所运行的巨大的数据计算处理程序分解成无数个小程序，再交由计算资源共享池进行搜寻、计算及分析后，将处理结果回传给用户的技术。云的一端连接着云计算服务公司的服务器，另一端连接着用户，为用户提供所需要的分析和计算资源。用户按照自身需求定制服务，由云计算服务商提供对应的储存、计算、数据库、服务器等资源，将全面降低用户的使用成本。云计算的原理是从资源到架构的全面弹性，这种具有创新性和灵活性的资源降低了运营成本，更加契合变化的业务需求。云计算能帮助企业处理各个场景中产生的信息，动态提供存储、计算服务和网络资源，且响应快速，是企业数字化转型必要的基础设施，在全球数字经济背景下，云计算也成为企业数字化转型的必然选择。以云计算为核心，融合人工智能、大据等技术实现企业信息技术软硬件的改造升级，创新应用开发和部署工具，加速数据的流通、汇集、处理和价值挖掘，有效提升了应用的生产率。随着新基建的推进，云计算承担了类似"操作系统"的角色，是通信网络基础设施、算力基础设施与新技术基础设施进行协同配合的重要结合点，也是整合"网络"与"计算"技术能力的平台，这些都为云计算产业带来了新机遇和新格局。

（一）云计算持续落地，行业应用加速

我国云计算行业发展迅速，公众对云计算的了解也从"不知所云"到生活中使用频率越来越高，从手机信息的云端储存到百度网盘等 App

的流行，云计算已经渐渐融入普通人的生活中。而相比发达国家，云计算在我国企业中的占有率尚存在一定的差距。根据麦肯锡等研究机构的数据显示，美国企业上云率达到85%以上，欧盟企业上云率也在70%左右，2018年，而中国企业上云率只有40%左右。

目前，我国云计算的发展呈现出几大特征：一是提供云服务的厂商业务占比中互联网和信息服务业应用显著下降，垂直行业快速崛起，从过去的直接卖云端、硬件设备、基础能力，变成了根据特定行业、特定客户商业模式提供服务能力。中国信息通信研究院的用户调查报告显示，2020年我国互联网和信息服务业云原生应用占比同期下降14.11%，工业制造业、泛金融业、政府服务业、信息通信等行业的应用占比则有所攀升，产业数字化转型逐步推进，转型效应初步体现。二是云原生技术价值进一步为用户所接受。云原生技术在提升资源利用率、弹性效率、交付效率，以及简化运维系统和便于现有系统的功能扩展等方面的价值认可较前一年全面提升。三是采用云原生架构的生产集群规模显著提升，但规模化应用带来的安全、性能和可靠性等问题仍需考虑。用户生产环境中中小集群规模（100节点内）同比下降明显，百节点以上规模占比全线上升，规模化应用持续。与此同时，云原生技术栈在规模化应用时的安全性、连续性及性能等因素成为用户侧落地的主要顾虑。四是边缘计算需求潜力巨大。随着国家在5G、工业互联网等领域的支持力度不断加大，边缘计算的市场需求也在快速增长。中国信息通信研究院的云计算发展调查报告显示，2020年我国已经应用和计划使用边缘计算的企业占比分别为4.9%和53.8%。

（二）云计算服务逐渐成熟，形成行业新格局

据中国信息通信研究院的统计数据，2021年国内云计算市场的整

体规模已经增长至 453 亿美元，虽然规模上仍不及发达国家，但是发展速度已经超过了以美国为代表的发达国家，而在爆发式的发展速度背后，是国内云服务商竞争格局的加剧，形成了不同的技术路线及各自的特点。

1. 云计算的分类

（1）从部署云计算方式的角度出发，云计算可以分为三类。一是公有云，通常指第三方提供商提供给用户使用的云空间，如阿里云、腾讯云和百度云等。借助公有云，所有硬件、软件及其他支持基础架构均由云提供商拥有和管理。二是私有云，是为一个客户单独使用而构建的云空间，因而提供对数据、安全性和服务质量的最有效的控制使用，私有云提供商拥有基础设施，并可以控制在此基础设施上部署应用程序的方式。三是混合云，是公有云和私有云这两种部署方式的结合。由于安全和控制原因，企业中并非所有的信息都能放置在公有云上，因此，大部分已经应用云计算的企业会使用混合云模式。

（2）从所提供服务类型的角度出发，云计算可以分为三类。一是基础设施即服务（IaaS），为企业提供计算资源，包括服务器、网络、存储和数据中心空间。其优点为，无须投资自己的硬件，对基础架构进行按需扩展以支持动态工作负载，可根据需要提供灵活、创新的服务。二是平台即服务（PaaS），为基于云的环境提供支持构建和交付基于 Web 应用程序的整个生命周期所需的一切。其优点为，开发应用程序使其更快地进入市场，在几分钟内将新 Web 应用程序部署到云中，通过中间平台即服务降低复杂性。三是软件即服务（SaaS），在云端的远程计算机上运行，这些计算机由其他人拥有和使用，并通过网络和 Web 浏览器连接到用户的计算机。其优点为，可以方便快捷地使用创新的商业应用程序，可从任何连接其中的计算机上访问应用程序和数据，如果计算机损坏，数据也不会丢失，因为数据储存在云中。

2. 云计算的特点

（1）可扩展性。云计算中，物理或虚拟资源能够快速地水平扩展，具有强大的弹性，通过自动化供应，可以达到快速增减资源的目的。云服务客户可以通过网络，随时随地获得无限多的物理或虚拟资源。使用云计算的客户不用担心资源量和容量规划，如果需要，客户可以方便快捷地获取新的、服务协议范围内的无限资源。资源的划分、供给仅受制于服务协议，不需要通过扩大存储量或者维持带宽来维持。这样就降低了获取计算资源的成本。

（2）超大规模。云计算中心具有相当的规模，很多提供云计算的公司的服务器数量达到了几十万、几百万台的级别。而使用私有云的企业一般拥有成百上千台服务器。云能整合这些数量庞大的计算机集群，为用户提供前所未有的存储能力和计算能力。

（3）虚拟化。当用户通过各种终端提出应用服务的获取请求时，该应用服务在云的某处运行，用户不需要知道具体运行的位置以及参与的服务器的数量，只需获取需求的结果就可以了，这有效减少了云服务用户和提供者之间的交互，简化了应用的使用过程，降低了用户的时间成本和使用成本。

云计算通过抽象处理过程，对用户屏蔽了处理复杂性。对用户来说，他们仅知道服务器在正常工作，并不知道资源是如何使用的。资源池化将维护等原本属于用户的工作，移交给了提供者。

（4）按需服务。无须额外的人工交互或者全硬件的投入，用户就可以随时随地获得需要的服务。用户按需获取服务，并且仅为使用的服务付费。这种虚拟化软件调度中心可以提高效率并避免浪费，类似人们在家里吃饭，想吃各式各样的饭菜，就需要买各种餐具以及食材，这样会造成餐具的空闲和饭菜的浪费，而云计算就像是吃自助餐，无须自己准备食材和餐具，需要多少取多少，想吃什么取什么，按需服务，按需收费。云计算服务通过可计量的服务交付来监控用户服务使用情况并计费，云计算为用户带来的主要价值是将用户从低效率和低资产利用率的业务模式中带离出来，进入高效模式。

（5）高可靠性。首先，云计算服务商具备海量资源，可以保障用户的需求得到便捷的满足；其次，云计算可以将软件和硬件分离，用户的数据可以储存在云端，当硬件发生故障时，可以通过云端的数据进行复原。另外，在软硬件构建方面，多采用多重备份增加容错，同时使用计算机节点同构的方法，在设施、能源制冷和网络连接等方面采用冗余设计，降低各种突发情况如电力故障等对服务器运行的破坏。公有云配置在不同的区域，降低单处故障对整个系统的影响，多重措施保障服务可靠性。

此外，云计算正在重新定义软件研发流程。在疫情影响全球的背景下，软件作为链接我们日常生活与全球经济的新命脉显得更为重要。传统软件开发时间长、迭代更新慢、灵活性差，云计算的发展促进了软件开发流程的改革，DevOps 理念从项目管理、应用开发、软件测试、运维运营等方面对软件的全生命周期进行了规范，为云上开发具备多云部署能力、可移植性、可扩展性和高可用性的软件应用提供了清晰的实践流程。

云软件新格局逐步形成。随着数字化转型的推进，各行业头部企业都已经开始云上软件开发实践，并形成了良好的带头和示范作用。随着实践的不断深入，云架构重塑了开发和运维模式，云测试打破了效能瓶颈进而提升了软件质量，混沌工程保障了云上系统的稳定性。云软件工程正从技术架构升级、软件质量提升、系统稳定性保障三个维度打造云软件新格局。

（三）云计算赋能产业转型，应用场景不断拓展

云计算成为企业数字化转型的充分必要条件。以云计算为承载，融合大数据、人工智能、区块链、数字孪生等新一代数字技术于一体的平台底座，是当前企业数字基础设施数字化转型发展的重要方向。2021 年 3 月，国有资产监督管理委员会发布的《关于发布 2020 年国有企业数字化转型典型案例的通知》中，30 多个优秀案例均使用云计算技术建立了系统平台，提升了生产运营数据价值，提高了工作生产流程自动化水平和工作效率，为企业创造了显著的经济效益。主要的技术应用场景如下。

1. 云存储技术

云存储是云计算技术的一个延伸和应用，它是一个远程平台，通过存储虚拟化、分布式文件系统、底层对象化等技术，利用应用软件将网络中的海量存储设备集合起来，协同工作，共同构成一个向外提供可扩展存储资源的系统。对于用户来说，云存储并不是一种设备，而是一种由海量服务器和存储设备提供的数据服务。通过各种网络接口，用户可以访问云存储服务并使用其中的存储、备份、访问、归档、检索等功能，大大方便了用户对数据资源进行管理。同时，用户仅需按其使用的存储量付费，无须进行存储设备的检测和维护。云存储环境的可用性强、速度快、可扩展性强，云存储可以解决本地存储管理缺失问题，降低数据丢失率，提供高效便捷的数据存储和管理服务。

2. 开发测试云

开发测试云可以解决开发中的一些问题，通过构建一个个异构的开

发测试环境，利用云计算的强大算力进行应用的压力测试，适合于对开发和测试需求多的企业和机构。通过友好的网页界面，开发测试云可以解决开发测试过程中的各种难题。

3. 大规模数据处理云

大规模数据处理云通过在云计算平台上运行数据处理软件和服务，充分利用云计算的数据存储能力和处理能力，处理海量数据。它可以帮助企业通过数据分析迅速发现商机，从而针对市场做出迅捷、准确的决策。

第三章 | # 数字技术在产业场景中的应用

3

一、数字技术助力农牧业高速发展

2021年1月，中共中央、国务院发布了《关于全面推进乡村振兴加快农业农村现代化的意见》，将农业赛道推向风口。与此同时，新冠疫情引发的影响仍在持续，全球经济正在持续发生着变革，我国加快构建国内大循环为主体、国内国际双循环相互促进的新发展格局，而农业农村的现代化发展将是畅通国内大循环、促进新经济发展的关键所在。伴随着5G、云计算、大数据、区块链、人工智能、卫星互联网等新基建的规模化应用，农业全产业链正在被重塑。在科技的赋能下，中国农业发展正经历由传统农业向数字农业转型的新历程，推动农业数字化转型是18亿亩农田精细化管理的需求，也是乡村振兴战略实施的基础。

（一）我国农牧业发展存在的困难

传统农业靠天靠地靠简单劳动投入以获取回报，生产模式相对落后，智慧农业倡导"可感知、可控制、可预测"智能化生产模式以实现精准、高效、低碳的发展目标。中国面临的实际国情为目前可耕种土地多数呈小地块、碎片化，单一农户所拥有的可耕种土地并未成规模，"大国小农"仍是基本农情。在这种情况下，先进的农业科技难以进行规模化的应用。而且，进行数字科技、信息科技这类高技术投入时，生产规模未能得到有效提升会造成技术边界效益较低，农业企业与农户的投资意愿较低，缺乏长期投入的大量人力、物力。

与此同时，化肥农药等传统技术要素投入对农业生产效率的带动效应日趋递减，粗放型投入的消极影响正在日益显现。据波士顿咨询公司（BCG）2022年发布的《通往农业碳中和之路》报告显示，由于全球农业和林业活动以及土地利用变化而产生的温室气体大约占全球排放总量的27%。自2000年以来，中国农业温室气体生产排放量增加了16%，成为世界最大的农业排放国。[①] 化肥农药作为农户提升生产效率最重要的生产投入之一，曾经是农业"绿色革命"的重要标志，并且已被广泛证实是改革开放以来中国农业生产效率提升最为核心的因素。但是，在当前中国农业生产，特别是普通农户生产中，化肥农药的过量施用十分普遍。例如，农业部2015年印发的《到2020年化肥使用量零增长行动方案》中显示，中国农作物化肥施用量偏高，2013年亩均化肥用量达21.9公斤，远高于世界平均水平（每亩8公斤），是美国的2.6倍、欧盟的2.5倍。这不仅造成了生产资料的浪费，也引致了大量氮氧化物温室气体排放。改变这一局面并不容易，因为中国99%的农场面积不足5公顷，该比例远高于亚洲其他地区和欧洲，因此，要改变农村居民的实际行为，就意味着必须动员到每一家农户。[②]

农业部门劳动力的老龄化与兼业化趋势更加显著。从劳动力年龄结

①② 麦肯锡. 应对气候变化：中国对策［EB/OL］. https：//www. mckinsey. com. cn/wp - content/uploads/2020/06/麦肯锡_ 应对气候变化_ 中国对策. pdf.

构来看，2010 年前后，中国适龄劳动人口达到了峰值，而后开始呈现负增长趋势，人口老龄化趋势突出显现，进而直接带来了劳动力供给的下降与整体工资水平的上涨。一方面，第七次全国人口普查数据显示，中国 60 岁及以上人口为 26402 万人，占人口总量的 18.7%，而且老年人口增长速度将明显加快，到 2030 年占比将达到 25% 左右。可预见，随着农村劳动力的持续转出与老龄化现象的加重，农业生产劳动力稀缺、技能稀缺问题将愈发严重。另一方面，根据北京大学新结构经济学研究中心的调查显示，2014~2017 年中国工人薪资年均增长了 10%~20%，这也使得中国非熟练工人工资成为世界范围内水平最高、增长最快的国家之一。

智慧农业关键技术自主创新能力的短板比较突出。中国现在的农机化水平与发达国家的差距比较明显。美国农业以 1% 的农业人口维持着庞大的农业生产体系，农产品不仅满足了美国本土的需要，还大量供应出口。这主要得益于其高度自动化、机械化的农业生产模式，并辅以智能化设备管理农场，实时掌握土壤湿度、环境温度和作物状况等信息，大幅度提高了管理的精确性和单位耕地的产出量。据农业农村部发布消息，2020 年中国主要农作物耕种收机械化率仅为 71%，较多高端的技术仍被欧美等发达国家"卡脖子"。例如，高端的农业传感器大部分仍需从欧美等发达国家进口，国产化率较低。农村信息化的基础设施更为薄弱，技术、技能方面存在较大短板，导致农户不想用、不会用、不能用，严重制约着我国农业数字化转型的发展。

智慧农业"有面子，缺里子"。智慧农业设施装备价格及使用成本较高，具有一定的使用门槛，各级财政对于智慧农业设置的补助较少，农户难以承受价格成本。例如，一套山区柑橘自动灌溉系统的每亩投入超万元；一个蔬菜大棚进行简单数字管理改造的成本达到数万元，投入成本高且带来的增效有限，以至于小农户的接受意愿不高；大田作物种植的数字化成本更高，且很难通过产品溢价回收投入成本。不少地方发展智慧农业还停留在"面子工程"，可视化大屏较为常见，但是缺乏与精准农业配套的设备，土地的含水量、营养情况、农作物的生长情况等信息难以采集，实际意义并不大。核心技术研发还有待进一步加强，传感器国产化、精确度、集成度、抗逆性都不高，动植物本体传感器基本处于空白，尚未研发出专用智能芯片，也尚未构建起动植物生长模型。

智慧农业"有数据，缺智慧"。信息孤岛和重复建设较为普遍，信息数据资源共享机制不健全，全国性和全产业链数据共享平台仍未建立，政务数据、行业数据、社会数据、企业数据难以有效汇聚融合和合理利用。涉农信息服务多以在线查询为主，由于缺少针对农业大数据的深度挖掘、分析和利用，在预测预警和优化资源配置等核心功能方面的作用还远未发挥。

智慧农业"有盆景，缺风景"。近年来，随着"互联网＋"行动的深入实施，各地探索创造了有特色的智慧农业"盆景"，但还未形成有效可推广的"风景"。特别是卫星定位、地理信息、遥感、现代通信等技术融合集成度低，相关装备的易操作性差、价格高，不少地方智慧农业建设存在增量不增效、"种产销"脱节、技术应用脱离实际生产等问题，限制了智慧农业的推广应用。

智慧农业"有技术，缺人才"。农村劳动力文化水平普遍偏低，农业劳动强度大，年轻人不愿意从事农业，年长的农业从业者在思想观念上陈旧落后、互联网应用技术也较为落后，对数字化、智能化的新兴产物的接受能力较差，严重阻碍了智慧农业的传播与发展。加上农村在经济、医疗及教育等方面与城镇存在较大差异，很难让与智慧农业发展相符合的新型人才引得进、留得下、用得好。

（二）我国农牧业的政策引导

2004～2022年，中共中央、国务院连续19年发布以"三农"（农业、农村、农民）问题为主题的重要文件，聚焦农业在中国社会主义现代化时期中的关键地位，形成一系列从顶层设计到落地执行的配套政策，引导上下联动、各方参与、协同创新，助力智慧农业全面发展。

2005 年 1 月发布的《中共中央 国务院关于进一步加强农村工作提高农业综合生产能力若干政策的意见》要求，坚持"多予少取放活"的方针，稳定、完善和强化各项支农政策。当前和今后一个时期，要把加强农业基础设施建设，加快农业科技进步，提高农业综合生产能力，作为一项重大而紧迫的战略任务，切实抓紧抓好。此外，文件还提到鼓励发展现代物流、连锁经营、电子商务等新型业态和流通方式。与此同时，2005 年 1 月我国第一个专门指导电子商务发展的政策性文件《国务院办公厅关于加快电子商务发展的若干意见》发布，提出了国家对我国发展电子商务的八条重要意见，确立了我国促进电子商务发展的六大举措。2005～2015 年发布的与农业相关的文件，从流通方式、交易方式和平台建设的角度对农村电商作出新要求。一是从流通方式角度要求大力发展电子商务，大力培育现代流通方式和新型流通业态，发展农产品网上交易、连锁分销和农民网店；二是从交易方式的角度强调发展农产品电子商务，充分利用现代信息技术手段，发展农产品电子商务等现代交易方式；三是加强农产品电子商务平台建设，启动农村流通设施和农产品批发市场信息化提升工程，加强农产品电子商务平台建设。

2007 年 1 月发布的《中共中央 国务院关于积极发展现代农业扎实推进社会主义新农村建设的若干意见》提出，发展现代农业是社会主义新农村建设的首要任务，要用现代物质条件装备农业，用现代科学技术改造农业，用现代产业体系提升农业，用现代经营形式推进农业，用现代发展理念引领农业，用培养新型农民发展农业，提高农业水利化、机械化和信息化水平，提高土地产出率、资源利用率和农业劳动生产率，提高农业素质、效益和竞争力。

2012 年 2 月发布的《中共中央 国务院关于加快推进农业科技创新持续增强农产品供给保障能力的若干意见》，突出强调部署农业科技创新，把推进农业科技创新作为"三农"工作的重点。

2016 年 1 月发布的《中共中央 国务院关于落实发展新理念加快农业现代化实现全面小康目标的若干意见》指出，持续夯实现代农业基础，提高农业质量效益和竞争力；加强资源保护和生态修复，推动农业绿色发展；推进农村产业融合，促进农民收入持续较快增长；推动城乡协调发展，提高新农村建设水平；深入推进农村改革，增强农村发展内生动力；加强和改善党对"三农"工作指导。同年 12 月，农业部印发《全国渔业发展第十三个五年规划》，提出到 2020 年，渔业产值达到 14000 亿元，增加值 8000 亿元，渔业产值占农业总产值的 10% 左右；渔民人均纯收入比 2010 年翻一番；新建国家级海洋牧场示范区 80 个，国家级水产种质资源保护区达到 550 个以上，省级以上水生生物自然保护区数量达到 80 个以上；新创建水产健康养殖示范场 2500 个以上、健康养殖示范县 50 个以上，健康养殖示范面积达到 65%。《全国渔业发展第十三个五年规划》的出台，推动我国渔业供给侧结构性改革，加快转变渔业发展方式，实现渔业现代化。

2017 年 2 月发布的《中共中央 国务院关于深入推进农业供给侧结构性改革加快培育农业农村发展新动能的若干意见》提出，优化产品产业结构，着力推进农业提质增效；推行绿色生产方式，增强农业可持续发展能力；壮大新产业新业态，拓展农业产业链价值链；强化科技创新驱动，引领现代农业加快发展；补齐农业农村短板，夯实农村共享发展基础；加大农村改革力度，激活农业农村内生发展动力。

2018 年 9 月发布的《农业农村部关于全面推广应用国家农产品质量安全追溯管理信息平台的通知》，进一步推进农产品质量安全追溯体系建设，在试运行的基础上，决定在全国范围内推广应用国家农产品质量安全追溯管理信息平台。加快推进农产品质量安全追溯体系建设，是创新提升农产品质量安全监管能力的有效途径，是推进质量兴农、绿色兴农、品牌强农的重大举措，对增强农产品质量安全保障能力、提升农业产业整体素质和提振消费者信心具有重大意义。

2019 年 2 月发布的《关于加快推进水产养殖业绿色发展的若干意见》明确提出，鼓励水处理装备、深远海大型养殖装备、集装箱养殖装备、养殖产品收获装备等关键装备研发和推广应用；推进智慧水产养殖，引导物联网、大数据、人工智能等现代信息技术与水产养殖生产深度融合，开展数字渔业示范。这对于水产养殖业绿色发展具有重要的促进作用，对水产养殖业的转型具有重要的现实意义。

2022 年 2 月发布的《中共中央 国务院关于做好 2022 年全面推进乡村振兴重点工作的意见》（以下简称《意见》）提出，推动乡村振兴取得新进展，农业农村现代化迈出新步伐。《意见》还指出，牢牢守住保障国家粮食安全和不发生规模性返贫两条底线，突出年度性任务、针对性举措、实效性导向，充分发挥农村基层党组织领导作用，扎实有序做好乡村发展、乡村建设、乡村治理重点工作。

2022 年 3 月发布的《"十四五"全国农业农村信息化发展规划》（以下简称《规划》），对"十四五"时期农业农村信息化高质量发展作出系统部署。《规划》提出，智慧农业是"十四五"时期农业农村信息化发展的主攻方向，重点是聚焦行业发展需求，提升农业生产效率。从智慧种业、智慧农田、智慧种植、智慧畜牧、智慧渔业、智能农机和智慧农垦七个方面进行全面突破。

这一系列规划、指南、意见和方案等文件的陆续出台，基于基础设施、电子商务、信息化服务等智慧农业发展提出了重点环节、重点问题，充分发挥政府在战略引领、规则制定、政策支持、标准构建和公共服务完善等方面的作用，引导和鼓励农业企业、互联网企业、农业生产经营个体（集体）、家庭农场等市场多元主体投入资金、人才、技术等各类要素，逐步形成了一套政府引导、市场主体、多方协同的推进机制，推动数字化、网络化、智能化进程由城镇向农村、由工业与服务业向农业延伸。

（三）农业数字化转型的基本概念及核心逻辑

农业数字化转型是以信息和知识为核心要素，以新一代互联网、物联网、大数据、人工智能和智能装备等现代信息技术为基础，实现农业生产全过程的信息感知、定量决策、智能控制、精准投入、个性化服务的全新农业生产方式，是农业信息化发展从数字化到网络化再到智能化的技术范式革新。智慧农业整合了生物技术、信息技术、智能装备三大生产力要素。

农业数字化转型的兴起和发展，与国际产业升级的大趋势密切相连。世界农业在经历了以矮秆品种为代表的第一次绿色革命、以动植物转基因为核心的第二次绿色革命之后，随着现代信息技术与农业的深度融合发展，农业的第三次革命——农业数字革命正在到来。

与此同时根据世界银行数据，随着人口红利的逐渐消失，我国农业劳动力占比由 1991 年的 60% 下降到 2018 年的 26%，低于世界平均值。农村劳动力短缺，使得人工成本迅速增加，目前几乎所有农产品生产的人工成本占比超过 50%，我国从顶层设计上开始重视农业的现代化转型与产业升级。

我国的现代农业正在走向以信息为生产要素，以互联网、物联网、大数据、云计算、区块链、人工智能和智能装备应用为特征的智慧农业。也就是说，政策给农业数字化转型的发展提供了极大利好。反映在市场数据上，也有明显的趋势呈现。根据前瞻产业研究院数据，到 2025

年我国农业数字经济规模将达 1.26 万亿元,占农业增加值比重将达到 15%。

在时代和政策的利好之外,智慧农业的发展也与技术密切相连。随着 5G、云计算、人工智能、大数据、物联网等技术成为"新基建"的发展重点并逐渐深化,技术与农业生产的具体场景结合从而推动智慧农业发展的趋势也越发明显。政策在鼓励智慧农业发展的同时,也在加速推动农业的信息化建设。2019 年我国行政村光纤和 4G 网络通达比例均已超过 98%,① 实现了全球领先的农村网络覆盖,这有效地为智慧农业的推广应用做好了铺垫。

总结来看,农业数字化转型的发展更多来自自上而下的推动。作为政策风口,农业进行产业升级不仅带动了一批传统种植和养殖企业,如大北农、中粮集团、温氏股份等进入智慧农业行业,BAT(即百度、阿里巴巴、腾讯)的布局加码也正在持续推动着行业格局的竞争变化。

(四) 农业数字化转型的发展基础:技术、设施及方法论

(1) 大数据技术渗透农业全产业链。未来发展农业,要从全产业角度进行布局。大数据技术全面渗透了从种子肥料开始,到生产、加工、配送到消费者餐桌,再到废弃物处理的全过程,体现出信息科技对农业产业发展的支撑作用。

(2) 智能化装备广泛应用。智能化装备是指通过智能化的改造和升级,使机器具有一定的智能性,可以全面或部分地辅助人便捷、可靠地完成特定复杂的目标任务。世界智能农机装备发展经历了不同的历史阶段,从机械化到数字化、自动化、智能化,现在已经衍生了智能系统。目前,国际上研究农机装备,重点体现在自动驾驶拖拉机、农业机器人

---

① 我国超 98% 行政村通光纤、4G [N]. 人民日报海外版, 2019 – 08 – 02.

和农业无人机等方面。

（3）无人化、少人化发展迅速。由于农村劳动力减少，农村出现了无人种地的情况，特别是热天打药、冷库长时工作等复杂农业生产环境条件，对人的身体有很大危害。基于劳动力减少和工作环境恶劣，无人化、少人化农场是未来的发展趋势。

（4）信息科技推动农业生产方式变革。农业生产方式由传统的耕种、养殖跃迁到现代农业的大规模、工厂化的生产。例如，以牧原股份为代表的养殖公司，形成了以生猪养殖为核心、覆盖饲料加工、种猪育种、商品猪饲养、屠宰加工在内的全产业链公司；以北大荒为代表的农业公司，形成了大规模应用浸种催芽、精量播种、航化作业、无人驾驶等先进技术的农业公司。

智慧农业可以改善产品同质化现象，提高农业生产者准确把握低频或个性化长尾需求的能力，不断催生社区支持农业（CSA）、订单农业、采摘文旅等新业态。智慧农业能够进一步开发农业的多元属性，延长产业价值链，促进产业深度融合。智慧农业能够通过数字内容"云体验"的方式，变现农业农村的自然景观、文化价值等，能够使农户技术应用差、经营规模小、标准化程度低的竞争劣势转变为按需定制、原生态、纯手工的竞争优势。

（五）数字技术在我国农牧业的应用场景

我国智慧农业的发展是一个缓慢的过程，但数字技术在很多农业生产场景和环节已经得到了初步的应用。

场景一：智慧农业生产技术与装备。在小麦、玉米、棉花、水稻等主要农作物从整地、播种、管理到收获的各个环节，都需要智能化的信息技术和智能化的装备进行耦合，来完成这些操作的工艺。目前，我国各环节的技术和装备基本具备，需要组合成一个完整的智能化解决方案。我国北斗精准导航与测控技术应用在播种上，安装到拖拉机、插秧机上，可以让农用机械在实施农业作业时实现条带清垄精准播种，避免复播、漏播、转行横播交叉等问题，提高田间作业质量；应用在灌溉上，可以实现精准对行灌溉。农业航空精准施药技术，通过作业规划、导航监管、施药控制、施药质量评估、防效评估、病虫情诊断等，可以实现探得清、飞到位、施得准、雾化好、可评价和全程可控的目标。

场景二：园艺作物生产。目前在国际市场上，荷兰现代化温室生产技术代表着最高水平，其主要思路为资源节约和资本技术密集规模化、集约化、环境优化控制。在设施园艺生产方面大力引入工业生产自动化技术，借鉴工业生产线使劳动生产率提高、降低劳动力成本，在温室盆栽花卉、切花、蔬菜生产中，开发研制出种苗自动移植机、机器视觉分级系统、产品包装设备，特别是降低劳动强度、减少用工量的生产资料、提高作业效率的生产资料物流化生产系统。我国的园艺作物生产也在奋起直追。山东寿光建起国内最大单体 8 万平方米智能温室，比荷兰模式降低了一半耗能。该温室全部采用国产技术和设备，从水肥管理调控各个方面进行了智能化提升。与荷兰温室的耗能、成本、效益相比，寿光效率优化可达到50%，且成本可以降到每平方米50元。

场景三：智慧果园生产。现在农村地区主要以老人、妇女和儿童为主，农业生产缺乏劳动力，提升果园生产智能化水平具有重要意义。因此，我国研发了相应的设备，包括采摘、除草、喷药、开沟、施肥、巡检、升降作业平台等，可实现全程机械化作业。以水果监测为例，我国已经研发出先进的水果智能检测分析线，1 小时可达到 10 吨的检测线，大大提升了生产效率，节约了人工成本。

场景四：智慧养殖生产。养殖是智慧农业重要的应用场景，动物的体温检测技术产品可以在线检测，发现生病之后温度升高的畜禽，便于及时进行防治。动物禽舍有害气体专用传感器非常实用，符合我国碳达峰、碳中和政策，减少温室气体排放。还可以通过视频摄像头监测动物行为，实时监测营养状况、健康状况等。巡检机器人、防疫消毒机器人，可以代替人从事对身体有害的作业。

场景五：农产品智慧物流。生鲜农产品中肉类、生鲜水果蔬菜是重要的一部分，都需要智慧冷链物流。控制温度、检测温度，保持农产品的品质，研究超市货架期，保证食品的安全性等，都需要信息科技来支撑。"管理＋农业＋智能技术"，可以实现供应链可感、可控、可调。

场景六：基于大数据的信息服务。我国小农户居多，在打药、播种等方面，专业化、社会化服务企业、组织快速发展，体现了规模化的生产效益，推动小农户生产现代化。当前，智能语音服务机器人技术已经成熟，可提供生产技术服务、信息服务。

场景七：智慧种业。种业一直以来被誉为现代农业的芯片，业已成为世界各国争相抢占的农业科技制高点。当前机器学习、基因编辑、全基因组选择及合成生物学等前沿科技的创新发展，已引领国际种业巨头强势进入智能设计育种时代，育种周期明显缩短，成本显著降低，效率显著提高。美国已基本进入智能设计育种时代，依托此前积累的大量育种数据及全流程大数据驱动来进行作物表型模拟及利用决策模型辅助育种家进行精准杂交组配。近年来已有多家国际种业公司以重组和并购等形式实现人工智能技术与生物技术多元化融合以整合育种研发链条，增强在国际种业的核心竞争力。目前我国尚处于由"跟跑"向"并跑"的角色转换中，多数动植物核心种源对外依存度较高，原创不足，亟须以种业振兴行动为抓手，不断加大投入，强化措施，加快提升种业发展现代化水平，弥补关键技术融合、多元学科交叉及产业化等方面的不足，实现育种技术体系智能化及工程化。首先，需要加快构建全国农业种质资源保存体系。其次，加快推进育种创新，启动农业关键核心技术攻关，深入推进粮食作物育种联合攻关，加快选育一批多抗广适、高产优质，具有自主知识产权的突破性品种。最后，扶优扶强种业企业，引导资源、技术、人才、资本等要素向重点优势企业集聚。

（六）科技驱动是我国农牧业的未来

近年来，科技驱动农牧业实现跨越式发展。以水产养殖为例，引入"互联网＋养殖生产"模式，主要应用的是自动监测养殖水质环境，实现对水质环境参数自动在线采集、无线传输，远程辅助诊断水生动物疾病，实现自助诊断和预警预报。在"互联网＋养殖管理"方面，主要应用的是养殖信息动态采集、水生动植物病情测报、水产品质量安全追溯监管、渔技服务、金融保险等，将这些应用逐渐与互联网融合，改变了水产养殖相对落后的状态，有效提升了水产养殖发展的科技含量。

"互联网＋水产养殖"给水产养殖产业带来了良好的发展机遇，但一些问题和挑战也日益凸显，亟须在优化产业与科技深度融合中寻找最佳的实践答案。一是认知不充分。主要体现在水产养殖还缺乏创新的互联网思维，人们普遍认为水产养殖是传统产业，同互联网联系不紧密，中小型养殖企业对互联网投入较大，资金回收周期长，导致不能很好地将水产养殖与互联网相结合。二是投入不足。"互联网＋水产养殖"建设是系统性工程，但目前还是以项目方式进行，缺乏后期建设维护投入，导致项目之间协同不足，难以发挥"互联网＋"的作用。三是重复开发严重。水产养殖涉及养殖、水环境监测、病情监测等方面，同时是一项长期性工程，而目前开发的水产养殖系统重复建设较为严重，系统数据不能实现信息共享，影响养殖企业参与水产养殖互联网建设。四是从业人员素质有待提高。"互联网＋水产养殖"

是新兴产业形式，而大部分水产养殖业的从业者文化程度不高、互联网意识不强、主动参与性不高，基层的水产养殖技术人员缺乏互联网建设、大数据水产养殖经验。对于已建好互联网设备的维护和使用能力不足，不能充分发挥互联网系统的作用，影响了水产养殖系统的使用效果，使养殖户对"互联网＋水产养殖"体验满意度不高，导致养殖户参与积极性不高。

（七）新一代信息技术与农业的融合实践：以水产养殖为例

京东数科以"神农大脑"系统为核心的数字化水产养殖解决方案，通过集装箱养殖和全方位数字化管理，不仅能够增加养殖密度、方便鱼群管理，还能隔绝泥土，保障肉质的安全和鲜美。"神农大脑"实时监测分析水体温度、氨氮浓度、溶氧量等数据，为不同品种的鱼苗匹配创造最适宜的水质环境。①

1. 数字化养殖方案简介

（1）集装箱养殖的主要特点和优势。传统的集装箱养殖需要定制20英尺陆基推水标准集装箱体，将养殖箱体安装在池塘边，从池塘抽取上层高氧水，注入养殖箱体内流水养殖，养殖尾水返回池塘进行生态净水，池塘功能转变为生态净水池。一般而言，1亩池塘可配置3~7个养殖箱体。每个集装箱长度仅为20英尺，占地面积约为15平方米，单个养殖箱体容量为25立方米，单箱年产量达3~4吨。

（2）数科智能水产养殖方案。数科智能水产养殖方案，主要由SaaS系统、智能巡检、智能饲喂、水下监测等多个模块组成。

SaaS系统：智能水产养殖解决方案，依托京东农牧智能化系统平

① 李朝民. 京东数科进军智能养牛和智能水产养殖［J］. 中国农网，2019 – 11 – 28.

台，结合水下机器人和先进的水产养殖技术，为集中化水产养殖企业提供整体技术解决方案，涉及育苗、养殖、水产品加工等多个环节，可帮助企业大大降低运营成本，有效监控环节参数和病害情况，优化水产品养殖加工效率，确保水产品安全并提升产品品质。

智能巡检：巡检车可对整个养殖区进行视频监控，应用 AI 图像算法识别鱼的活动状态，监控病害、死鱼情况，并对异常情况及时报警。

智能饲喂：利用风动送料方式，可精准控制每个饲养区的饲喂量；应用 AI 相机，可分析鱼群进食系统，并统计鱼的生长曲线；结合"神农大脑"水产养殖的专业知识和经验，可智能调控投喂量，确保饲喂效率达到最佳标准。

水下监测：应用 AI 相机智能识别养殖目标的健康状态和生长趋势，结合大数据分析，监测水质环境，并对异常情况及时报警，以及给养殖各环节提供优化决策。这种经营模式改变了农业生产靠天吃饭的巨大弊端，让农业生产得到科技的加持、金融的保障、销售的畅通，可为当地贫困户带来稳定持续的收益，对贫困地区脱贫攻坚和乡村振兴战略的实施形成巨大的推动力。此外，智能集装箱水产养殖模式内置的粪污处理模块，完全符合我国日益严格的环境保护政策，通过集装箱水循环系统抽出沉积在箱底的粪污及饲料残渣，通过固液分离器分离固体，变废为宝，可作为高质量有机肥的基肥。其液体部分利用三级沉降池的模式完成有机降低氮磷、杀菌、灭藻、增氧等重要步骤，最后回收到集装箱循环，真正做到零排放、无污染、节约水，完全符合我国可持续发展的基本国策。

2. 中国水产养殖业的发展趋势和实现路径

数字化是实现水产养殖业现代化的关键手段，找到一条适合我国水产养殖业数字化的具体实现路径，是业界和政府有关部门面临的重大现实问题。

（1）数字化是水产养殖业实现跨越式发展的重要实现路径。水产养殖业要想实现环境友好和经济效益的双赢局面，必须想方设法降本增效。以大数据、人工智能、区块链等为代表的新技术，能够将水产养殖环境标准化、规模化，大大降低水产养殖过程中的风险，进而提高养殖效率、技术水平和经济效益。数字化养殖是我国水产养殖业未来发展的主流趋势和发展方向。

（2）数字化养殖能够大大提高水产养殖的标准化程度。利用传感器、无线通信、大数据、云计算、物联网等技术进行数据收集和分析，建立可视化模型，实现对水产养殖的精准管理。通过电脑、手机等设备，可对鱼类的生长情况进行实时跟踪，在线监测水中的含氧量、pH（氢离子浓度指数）、盐度、浊度等多个参数，实现对水产养殖过程的动态管理。数字化养殖能够极大地提升水产养殖的规模化水平。数字养殖使渔业养殖人均管理养殖面积从 20～200 亩提升至 500～1000 亩，大幅降低了养殖劳动强度和劳动力成本。依托数字技术研发的养殖管理设备，可以长期在复杂的水体中正常工作。例如，饲料自动投喂系统，由料仓、称重系统、投喂系统、控制柜等组成，除了可实现定时、定量投喂外，还可以通过设置养殖模型，根据实时溶氧量自动调节投喂计划，最大限度降低饵料系数。因此，数字养殖极大地提升了水产养殖的规模化水平。

（3）水产养殖的数字化发展路径。一是完善"数字水产养殖"标准体系建设。为促进"数字水产养殖"的发展，应根据水产养殖行业的特点，建设水产养殖信息平台，实现水产养殖信息共享，采用统一的信息数据系统。根据水产养殖特点进行信息分类、采集、交换，保障信息的开放性，为水产养殖的信息化建设、运行、维护制定相应的标准，逐步建立完善的水产养殖信息化技术标准和规范，实现信息的交换服务和信息共享，发挥互联网优势，促进水产养殖业的不断发展。二是强化网络运行体系建设。通过整合现有的水产养殖系统，建设覆盖重要水产养殖区的监测监控系统，制订详细的互联网运行方案，建设水产养殖综合数据中心，实现水产养殖数据的统一管理、信息数据共享，为水产养殖提供动态和数据支撑。三是促进水产养殖应用体系建设。水产养殖产业应用体系，要着重建设公共服务平台和综合管理平台。公共服务平台是在已有网站的基础上，实现各种信息发布、公开、交流，以及在线服务、投诉反馈处理等多项功能，实行多种渠道、多种方式的公共服务平台。综合管理平台主要负责水产养殖监测监控、水产资源管理、水产品市场信息、水产品病情监测以及水产品质量安全管理等，实现对水产品养殖全流程的覆盖管理。四是完善保障体系建设。为加强水产养殖基础安全体系建设，应建立应急响应机制，制定水产品安全管理的规章制度，为水产品提供基于网络、数据的安全保障体系，保障水产养殖系统的正常运行。五是水产养殖管控体系建设。根据水产养殖的实际需要，建立水产养殖的信息化管控体系，制定和完善水产养殖管理的规章制度和技术标准。通过信息化管控体系进行水产养殖信息化决策与风险评估，实现水产养殖安全管控。降低养殖风险，提高水产养殖信息化管理水平。

二、数字化驱动智能制造蓬勃发展

智能制造的价值维度在于提高管理能力，优化生产过程。源自工业互联网的技术支撑、云平台的建设、大数据的存储、机器学习的支撑、复杂工业场景的应用、海量的传感器和设备的连接，基于以上平台可以实现秒级数据采集，实现万亿级数据处理。

（一）技术赋能，全面推进数字产业化发展

1. 加快新型基础设施建设

积极开展 5G、工业互联网、人工智能等新型基础设施投资和建设，形成经济增长新动力。带动产业链上下游及各行业开展新型基础设施的应用投资，丰富应用场景，拓展应用效能，加快形成赋能数字化转型、助力数字经济发展的基础设施体系。

2. 突出重点，打造行业数字化转型示范样板

以智能制造为主攻方向，加快建设推广智能工厂、数字化车间、智能炼厂、智能钢厂等智能现场，推动装备、生产线和工厂的数字化、网络化、智能化改造，着力提高生产设备数字化率和联网率，提升关键工序数控化率，增强基于数字孪生的设计制造水平，加快形成动态感知、预测预警、自主决策和精准执行能力，全面提升企业研发、设计和生产的智能化水平。积极打造工业互联网平台，推动知识能力的模块化、软件化和平台化，加快产业链、供应链资源共享和业务协同。制造业进行数字化转型能够有效地降本增效。

（二）智能制造承托于工业互联网平台

工业互联网平台面向制造业数字化、网络化、智能化需求，向下接入海量设备、自身承载工业知识与微服务、向上支撑工业 App 开发部署工业操作系统，是工业全要素、全产业链、全价值链全面连接和工业资源配置的中心，是支撑制造资源泛在连接、弹性供给、高效配置的载体，是推动制造业变革、效率变革、动力变革的关键抓手。

工业互联网平台是基于开放互联网络构建的工业生产要素资源池，是一种新兴产业生态体系载体。在这种生态体系中，众多行业及众多企业在研发设计、生产制造、设备维护与管理、生产过程控制、仓储、物流、售后服务、业务交易与管理、金融服务、社会化服务等方面实现标准化、数字化和智能化的基础上，通过各种通信技术手段，被全部连接到云端数据中心，通过云计算、物联网、大数据、移动互联网、人工智能、区块链等技术手段，将组织、人、机、物、信息等有机结合，从而实现提升质量、降低成本、提升效率、控制风险、增加收入，同时实现商业创新、管理创新、业务创新。其核心要素包括数据采集体系、工业平台即服务系统（PaaS）和应用服务体系。在数据采集体系方面，通过智能传感器、工业控制系统、物联网技术、智能网关等技术，对设备、系统、产品等方面的数据进行采集。在工业 PaaS 方面，基于平台将云计算、大数据技术与工业生产实际经验相结合，形成工业数据基础分析能力。把技术、知识、经验等资源固化为专业软件库、应用模型库、专家知识库等可移植、可反复使用的软件工具和开发工具，构建云端开放共享开发环境。在应用服务体系方面，面向资产优化管理、工艺流程优化、生产制造协同、企业内与企业间管理与交易、金融服务、大数据服务、资源共享配置等工业需求，为用户提供各类智能应用和解决方案服务。

工业互联网平台对于打造新型工业，促进"互联网＋先进制造业"融合发展发挥了重要作用，主要体现在以下几个方面。一是能够发挥互联网平台的集聚效应。工业互联网平台承载了数以亿计的设备、系统、工艺参数、软件工具、企业业务需求和制造能力，是工业资源汇聚共享的载体，是网络化协同优化的关键，催生了制造业众包众创、协同制造、智能服务等一系列互联网新模式和新业态。二是能够承担工业操作系统的关键角色。工业互联网平台向下连接海量设备，自身承载工业经验与知识模型，向上对接工业优化应用，是工业全要素链接的枢纽，是工业资源配置的核心，驱动着先进制造体系的智能运转。三是能够释放云计算平台的巨大能量。工业互联网平台凭借先进的云计算架构和高性能的云计算基础设施，能够实现对海量异构数据的集成、存储与计算，解决工业数据爆炸式增长与现有工业系统计算能力不匹配的问题，加快数据驱动的网络化、智能化进程。

工业互联网平台是构建智能工厂的基础设施。该平台由工业 SaaS（解决方案）、工业 PaaS（智能化工台）、LasS（基础设施）、边缘层四大部分构成（见图 3-1），适配工业领域常见的通信协议、多种品牌的数控系统及 DCS/PLC 控制器，实时采集各类设备数据，并完成数据清洗、标准化转换和存储，方便 ERP、MES（制造企业生产过程执行系统）等业务系统调用。借助 IOT 平台，企业能够实现与不同类型设备的快速连接，实时采集设备数据，快速下达生产指令，实现生产过程透明化，动态掌控生产进度。

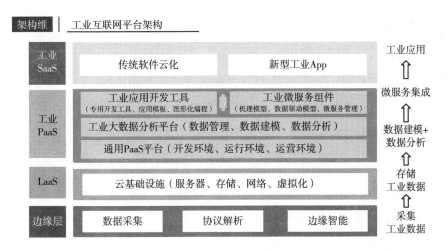

图 3-1 工业互联网平台构架

工业互联网发挥全面连接的优势，实时打通研发、采购、生产、销售、运输、售后各个环节的供需需求，实现端到端的数字化管理协同。

例如，海尔COSMOplat平台链接2600多家企业，发布及承接企业间需求，产业资源实时连接，高效匹配对接。工业互联网平台具有全面连接、资源聚散、数据贯通、智能决策等优势。工业互联网App是基于工业互联网，承载工业知识和经验，满足特定需求的工业应用软件，是工业技术软件化的重要成果。其本质是工业知识和经验的沉淀、传播、复用和价值创造，目标是满足特点需求，实现各种优化。从价值维度来看，工业互联网平台的本质是通过工业全要素、全价值链和全产业链的连接，实现对企业乃至制造业的重构。

完整、准确的数据采集是工业互联网循环的起点。对于一个系统而言，其所处的外部环境复杂多变，自身运行状态也会时刻改变，如果不能及时、准确地掌握外部环境情况和内部运行状态，就难以提取出有效信息，减小不确定性。目前能够采集温度、湿度、气压等多种物理量的传感器已开始广泛应用，让系统获取的数据量更大、质更优。

网络为数据在闭环中流动提供管道。智能行为实现的前提是构建闭环，实现反馈控制，需要系统中各个部分相互连接、相互沟通、相互交流。与动物的神经系统相似，网络为数据采集交互、分析处理和反馈执行联通可靠通道，是"大闭环"各部分连接的纽带。5G等新一代网络技术是系统内各部分互联互通和无缝集成的关键技术支撑。科学、准确的数据分析是闭环的核心。一个系统要实现基于数据闭环和反馈控制的智能行为，除了充分感知周围环境和自身状态以外，还需要对提取的信息进行分析和处理。对数据进行加工、分析和处理，为智能行为的实现提供决策依据。人工智能等技术的快速发展为实现更高层次的智能决策开辟了新路径。

精准、高效的执行是闭环的终点。系统的智能行为最终体现为一系列动作及其产生的积极效果。执行是在数据采集、传输、分析的基础上发出指令，做出行为，产生效果。

数字孪生是基于上述理论的高层次实践，其依托知识机理、仿真技术为物理实体在虚拟空间创建数字孪生体或者应用场景，模拟、反映物理世界的状态和行为。基于多维度的实时数据、历史数据，预测物理个体（系统）的未来状态，以实现物理上的组织性加强、精准性提升和不确定性缓解。由于自身在产品开发、监督和验证以及应对突发情况等方面的显著成效，数字孪生逐渐在智能制造、智能车间、智能工厂管理等制造业领域得到了推广与应用。

（三）制造业企业数字化转型核心理念

1. 数字化转型的核心是决策模型

制造业企业的运行离不开各式各样的决策，这些决策跨越多级领域，包括参数优化、效率优化、产量优化乃至供应链优化等许多方面，这些决策类型各不相同，若是我们按照决策类型的不同去分别寻找合适的数字化转型路径，将是一项庞大且烦琐的工作，甚至是一个无穷尽的过程，但我们可以用一个最基础的决策模型来描述数字化转型的核心，如图 3-2 所示。

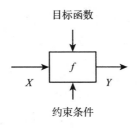

图 3-2　数字化转型决策模型

图 3-2 主要有两个关键点，一个是目标函数，另一个是约束条件。目标函数是评判这个决策优劣与否的标准，是我们的结果，可以通过比较目标函数来选择最为优质的决策进行实施。约束条件则是决策中的边

界条件，不论输入的数据经过几层筛选、分析，作出的决策都必须是在约束条件之内的。其中，约束条件分为硬约束和软约束两类，硬约束就是无法改变的物理约束，如材质约束，技术约束；软约束则更多的是管理方面的约束条件。软约束和目标函数在某些情况下可以相互转换，由此得到更好的决策效果。

在决策模型中，决策触发的灵敏度越高，这项决策在时间维度上得到的结果就越优质；目标、约束条件、输入变量的角度越多，形成决策的难度就越高。这时，从前常用的人脑决策容易因无法承受如此庞大的计算量而偏离正确方向，从而无法作出优质决策，这就更加需要智能算法来对我们的决策进行优化，这也是现在智能制造与人工智能、机器人学习关系密切的原因之一。

2. 组织模式转型推动资源指挥权前移

如今大部分制造业企业仍处于科层制组织模式下的落后组织模式中，这样的组织模式的核心是管理权与指挥权是一体的。但随着数字化时代的到来，企业规模的扩大和业务活动的变化性增强，想要持续发展，企业有限资源的及时合理有效调用就成为关键，但能否有效地指挥调配资源又受限于对资源是否有管理权。

管理权与指挥权的分离，本质上是资源的所有权与使用权的分离。企业部门仍享有对组织资源的所有权，但资源调配的使用权则是以工作内容为重心的，摒弃过往对使用某些资源所需达到的硬性标准，打破组织的平行边界与上下边界，真正地让负责这项工作的人来调配资源，不仅可以实现组织资源利用的最大化，有利于组织的协同效应，同时可以合理规避组织的官僚主义腐败。这也是组织的再次分工，管理者此后可以更加注重如何提升资源质量，而使用者则需要研究资源的利用，以达到资源效率最大化。

3. 建立一个优质的数字化平台

随着"大智移云"等技术的逐步普及，"人类正从 IT 时代走向 DT 时代"渐渐成为共识，公众对"大数据""数字化"等新概念也渐渐从陌生到熟悉。DT 即数据技术，是一项通过对数据进行存储、清理、加工、分析等处理，从数据中发掘规律的技术。随着互联网的飞速发展和 5G 基站的不断建立，全世界的数据量以指数级的速度疯狂增长，在这样一个宏大的时代背景之下，DT 让我们可以借助计算机更快地了解这个世界，甚至是影响我们的思考，作出更优质的决策。

企业和人是类似的，享受舒适圈，逐渐形成惰性，所以管理思维的变化是不会主动发生的，数字化转型需要一个机制去推动，这个机制就是数字化平台。一个优质的数字化平台应该贯穿制造型企业的研发、生产、供应链、销售、服务等方方面面，让发现问题、分析问题、解决问题、结果反馈串联在一起，最终形成一个良性生态系统。这在过去是一件很难完成的事情，但在 DT 时代，数据可以经由计算机与网络被迅速地传播、筛选、分析，这就为建立一个可以同时协助前市场和后市场业务实现精准决策和敏捷运行的平台打下了技术基础。

数字化平台本身自带的敏捷方便等特点，可以加快制造业更新迭代的速度，最后达到加速制造业企业数字化转型进程的目标。

（四）国内智能制造发展渐入佳境

1. 我国智能制造发展的两个阶段

智能制造是一个宽泛的系统与概念，作为信息技术与制造业深度融合的数字化产物，它的出现与发展与信息化息息相关，目前主要经历了三代产业范式更迭：第一代智能制造只是简单地将制造业与数字化结合起来，并没有进行深入的行业转型，只是普通的"数字化"制造；第二代智能制造采用"互联网+制造"的全新发展模式，是"数字化、网络化"制造；第三代智能制造则在技术上偏重"智能"这一特点，是"数字化、网络化、智能化"制造。

西方发达国家的智能制造产业发展过程是一个按部就班的串联式发展过程，但我国不可能再从最基础的阶段开始走这条漫长的发展之路，而必须充分发挥后发优势，采用"数字化、网络化、智能化"的发展路径和并行推进、融合发展的技术方针。从现在至2035年，我国的智能制造发展将总体分为两个阶段：数字化转型与数字化升级。从现在至2028年，我国要深入推进制造业数字化转型；2028～2035年，我国要深入推进制造业智能化升级工作。

2. 国内外智能制造赛道发展现状及趋势

2022年阿里巴巴诸神之战"智能制造赛道"全球总决赛在浙江宁波举行，在这场智能制造峰会上，由宁波市海曙区人民政府指导，阿里云研究院、阿里云创新中心、中国航空综合技术研究所、创头条共同参与编撰的《智能制造赛道发展研究报告》正式发布，该报告认为，此时恰逢我国智能制造发展迎来新机遇的时刻，在新征程的路上，我国智能制造将进入高速发展阶段。

根据全球智能制造发展的数据来看，中国的智能制造水平名列前茅，但和美国、日本、德国等老牌智能制造发展大国相比，仍有不小的差距。现在很多国家都已经进入了"工业4.0"智能化时代，但各国推动智能制造产业发展的方法各不相同：美国通过三位一体系统推动智能制造产业发展；德国推出"工业4.0"的标准框架；中国则是根据2015年发布的《中国制造2025》战略规划发展智能制造行业。总体来说，全球智能制造行业都呈现出智能制造市场全球化、智能制造技术多元化、

产业数字化转型研究

智能制造产品服务化的潮流趋势。

当下，中国智能制造业主要面临三大壁垒：一是技术壁垒，虽然近几年中国智能制造业发展迅速，但因其涉猎面太广，而且许多技术仍是从国外引进，使得技术落地仍存在着不小的困难；二是资源壁垒，智能制造业的初期发展需要大量的资源投入，但能明显看出的收获却是微之又微，所以很多企业基于风险预测，发展十分保守；三是人才壁垒，许多学习智能类的人才都首选进入互联网大厂，很少有人考虑进入制造业，据人力资源和社会保障部统计，2020年我国智能制造领域人才缺口高达300万人，这个缺口在2025年预计将会达到450万人。

3. 对我国智能制造业发展的启示

通过对比国内外智能制造行业的发展现状，以及对国内智能制造业现存问题的分析，可得到以下三点启示：一是持续推进工业互联网基础设施建设；二是建立智能制造示范基地；三是加强国家政策支持。

智能制造发展的首要条件是建立起机器间的互联互通、机器和人之间的互联互通，以及虚拟制造与现实物理世界间的互联互通，所以想要发展智能制造行业，必须巩固智造基础支撑，做好智造新保障，建立工业互联网的良好基础设施，为智能制造产业生态发展构筑保障。只有借助工业互联网，制造业企业才能更好地实现从产品设计到产品销售乃至产品回收等一系列产品周期性的智能化管理，提升制造业企业的效率与智能化，从而总体提升中国智能制造业的整体竞争力。

构建智能制造创新产业体系，培养一批示范性智能制造企业。通过大力扶持一些有基础且具有代表性的智能制造示范龙头企业，让龙头企业带动后发企业，实现技术突破，促进智能化转型，拓宽市场，建设供应链协同平台，深化新一代信息技术与生产制造深度融合应用，对生产线进行智能化改造，带动上下游企业同步实施智能化升级。

2019 年，国家发展改革委等 15 部门联合印发《关于推动先进制造业和现代服务业深度融合发展的实施意见》；2021 年，工业和信息化部等 8 部门联合印发了《"十四五"智能制造发展规划》；2021 年，工业和信息化部、国家标准化管理委员会共同发布了《国家智能制造标准体系建设指南（2021 版）》。从《中国制造 2025》发布以来，关于中国智能制造的政策每年都在飞速增加，但即便如此，中国在政策方面仍有需要改进的地方。首先，是财税金融的支持力度，国家对科技项目、产业基础再造工程的资金支持仍需继续加强；需要继续优化创新技术保险补偿和激励政策；鼓励金融机构开放符合智能制造产业特点的金融产品。其次，是国家应加强智能制造人才队伍的建设，制定更具有针对性、更具有内容深度的人才培训方法，增加有关数字化、智能化技术的专业技能训练；深化新型工科专业的建设，通过联合高校加强学科专业和课程体系建设，培养专业技术人才。

（五）智能制造技术与应用

1. 加工过程自动化

生产排产用于线型生产或离散生产，生产计划需要排程到生产线或机台。排程需要考虑交货期、物料配比、质量、工艺、设备产能等约束，还需要考虑交货期优先、剩余工序最少工序优先、工序加工时间最短（或长）优先、工序切换最少优先、加工成本最低优先等不同调度优先策略。通过详细排程，可以得到各生产订单的任务—时间图和设备—时间图。其中，任务—时间图表示了经过生产管理系统的排程以后，若干批不同型号、不同规格的生产任务运行的起止时间；同时具体规定了每一批次产品生产过程中的各道工序所需时间及所需设备。设备—时间图表示了经过排程后各台设备在不同时间的使用情况，详细地表明了某一台设备在某一个时间段里被某一批、某型号规格产品的某一道工序所使用，以及在什么时候结束使用，什么时候可以被别的任务再使用。系统根据明细排程结果，自动生成派工单。各车间根据生产派工单生成车间作业记录。生产后，系统按班组和生产订单记录生产作业情况运行，包括原料投入量、原料批次号、产品批次号、产量、能源消耗、质检管理、机台、操作人员、班组等信息。同时，生产订单进度跟踪系统可以跟踪销售订单和生产订单的状态，包括未编入生产主计划、已编入计划、已下生产订单、已备料、生产中（目前的工序状态）、完工数量、质量状态、入库情况等。

生产车间是承接智能制造计划的基础单元，包括立体仓库、AGV 小车、标准料箱、通用托盘、倍速链传送带以及工业机器人组成的车间自动化物流系统，并部署自动清洗机、检测机等自动化设备。生产作业由现场操作岗位完成，主要包括监控生产过程，计算设备效率，做好原料消耗、产量显示、产品损失、设备停机记录，撰写生产过程汇报，记录生产线状态、工时、质检数据和能耗数据等。生产过程中的设备运行速度、效率、重要工艺参数、物料消耗、产品产量、剩余产量、剩余生产时间等指标，同步上传至工业互联网平台，以供决策层实时掌握工厂运行情况。

已排产生产计划所需物料从入库到出库之间的全部生产环节均可自动完成。并且，在自动化运行车间中当某台设备出现故障时可从系统中自动切出，其任务由其余同类设备接管，避免全线停产。同时，依托工业互联网平台，产线具有高度的柔性，通过 APS、MES、WMS 系统的实时监控和快速调度调整，可以进行单线生产、混线生产、串线生产等多种生产模式，适应不同种类工件的生产需求，发挥最大生产效率。

2. 物料管理流程化

制造业工艺物料管理包括物料、工艺流程和装置，具体内容如下。

物料：包括原料、中间产品、产品、BOM（物料清单）、工程单位、工作中心（资源）、班组、班次、排班管理。

工艺流程：采用可视化建模工具，用可视化工具可绘制工艺流程，且工艺流程由多个工序连接而成。

工序：工序编码、工序名称、工序说明。要在工序中定义工艺参数、物料投入、产品产出、能源消耗、质检标准等。

车间库存管理包括原料库转入车间库、车间原料出库管理、车间物料交接、车间物料退库管理、车间物料转移批次等。对于储槽管理，液体、气体物料，有储槽储罐的场景，需要建立储槽台账和液位—体积关系表，实现储槽检尺、切水、倒罐及盘点管理等。对于配料管理，冶金、煤化工等行业有配煤或配料管理的场景，需要根据目前库存的物料数量及品质数据，考虑目标成分要求，以价格最低等为优化目标，采用多目标优化算法实现优化配料管理。在确保原料质量稳定的前提下，实现原料成本最优。

3. 制造资源物联化

通过与设备控制系统集成，以及外接传感器等方式，实现了机机互联、机物互联和人机互联，并由 SCADA 系统实时采集设备的状态、生产报工信息、质量信息等，从而将生产过程中涉及的全部制造资源信息进行了高度的集成，并且打通了所有系统的信息通道，实现了生产过程的全程可追溯。

随着资产密集型企业经营规模的不断提升，各类资产的数额、种类也在不断增长，如果缺乏一套行之有效的设备资产管理体系作为支撑，很容易产生家底不清、账实不符、购存双高、选型困惑、设备可靠性低、维修成本高、事后维修频繁等设备管理问题，会给企业的日常运营构成阻碍。因此，现在制造业越来越重视自身资产管理体系的构建，并导入相关的资产管理信息化系统作为提升日常管理的有效工具。设备资产管理解决方案，以资产的全生命周期为导向，基于不同职能部门的管理需求实现对各类设备资产的价值、实物及维修维护的三维管控，并集成安全及可视化管理要素，形成对所有类型资产360度的全面监控。

4. 制造系统数字化

基于制造资源的物联化，通过实时数据驱动的动态仿真机制，形成人、产品、物理空间和信息空间的深度融合，建立虚拟工厂与物理工厂相互映射、深度融合的"数字双胞胎"，实现实时感知、动态控制和信息服务。通过信息系统对物理工厂进行可视化监控，实时查看设备状态、质量信息、生产实况和生产实绩，同时进行分析与决策，对物理工厂进行智能控制。

5. 质量控制实时化

工件在机床中加工完毕后由机器人送入在线检测机检测，检测完毕后机器人根据检测结果将不合格品放入不合格品料箱，将合格品放入工件托盘，保证不合格品即时分拣；同时检测数据上传至云平台，对同一机床加工的产品历史检测数据进行检索与对比，当对比结果符合设定的情形时，触发自动刀补流程，将信息传递给产线控制器，产线控制器计算刀补参数并下发给目标机床调整刀补，将刀具误差补偿回来，实现工件质量的实时全闭环控制。

质量管理实现质检标准、质检过程管理、质量数据分析以及实验室资源管理等内容。基础设置是指对质量检验中需要使用的基础数据进行设置，包括检验项目、质检方案等。检验项目是指进行质检时需要检验的各种检验指标。质检方案则定义了采样点、样品类型、采样频率、样品数量、检验项目及其分析标准，以及检验结果是否支持手工录入、自动采集和自动计算等。质量检验是指系统根据定义的检验周期，自动生成质检单据，质检人员按质检单采样、分析，并把分析结果录入系统。系统应自动判断质检项目、样本和质检单是否合格。如果质检项目不合格，系统自动显示红色警报。质检单数据可保存和提交，保存后，录入人员还可以修改数据，提交后数据则不能再修改。系统自动记录操作人和操作时间。质量设备数据采集包括三类：人工录入、DCS 质检数据自动采集、质检设备数据采集。其中，DCS 质检数据自动采集类似前面的工艺数据采集，从实时数据库中获取数据形成报告。质检设备数据采集需要根据质检设备是否具有输出接口逐个分析，根据实际情况判定是否有必要采集。一般情况下有串口直接采集以及通过关系数据对接采集等。

设备资产管理与同平台采购、库存、项目管理及财务系统实现全面集成，实现对资产选型、购置、建档、安装调试、日常使用变动、盘点、调拨、点巡检、运行监控、维护保养、维修、安全许可、报废、处置等全生命周期业务的完整监控。设备资产管理系统应实现社会主流RCM（以可靠性为中心的维修）及 TPM（全员生产维修）等先进管理理念向系统中的固化，实现与业务间的高度融合，便于企业设备管理体系的优化和提升。同时，随着互联网时代的到来，设备资产管理导入了移动应用技术与 DCS、SCADA 和 PLC 等工控系统集成技术，实现设备运行、点巡检数据实时采集的应用模式。同时，系统通过对不同行业关键绩效指标法（KPI）考核体系的固化，实现对各类设备运行趋势和诊断模型的固化，以便于实现对各类设备运行情况的专业性诊断和评估。除此之外，系统通过导入地图的形式，直观实时展现各类资产的布局及运行情况，为不同部门的可视化管理需求奠定坚实的基础。设备资产管理应从如下维度考虑。设备台账：按设备分类构建企业全部设备卡片，并将设备点检、维修、维护等信息集成以构建设备台账，关注特种设备的检定，通过设备台账管理可以摸清设备资产家底。设备使用：设备的设计、采购、安装、调试、调入、调出、处置、报废均需要按特定配置的业务流程执行，使设备使用状态变更受控，做到账实相符。设备运行管理：通过采集设备实时数据，监控设备开停机状态、了解关键设备参数运行水平、自动记录停机时间，并作停机分析。当设备停机或有异常消息时，可以推送到消息处理流程，并生成推送故障记录单。设备运行管理旨在自动识别和预测设备异常，减少设备异常停机。

6. 决策支持精准化

从生产排产指令的下达到完工信息的反馈，实现了全闭环控制。通过建立生产指挥系统，管理者可以随时精确掌握工厂的计划、生产、物料、质量和设备状态等资源信息，了解和掌控生产现场的状况，提高各级管理者决策的准确性。

统计分析包括以下几个方面。质检台账查询：根据各取样点和时间，可以查询各质检台账。基本统计：某产品的分析次数、合格次数，具体每个指标的分析次数、合格次数；最大值、最小值、平均值、标准差、极差。趋势分析：某时段、某指标的趋势图和同比对比趋势图。采用统计过程控制（SPC）进行分析及在线预警：一般提供直方图、控制图、排列图、箱线图等多种质检SPC分析工具。系统采用自由报表工具实现。质量追溯：对于批次生产可以进行产品原料反向追溯，根据生产线和批次号查询出批次对应的数据，包括产品信息（批次号、生产时间、产量）、原料信息（原料批次号、原料投入时间、原料量等）、工艺参数（查询批次生产时间对应的工艺参数）和质检台账等。实验室资源管理：对实验室的人员、药剂、标准样、试验仪器、文档等实验室资源进行有效管理。

7. 制造过程绿色化

项目中使用太阳能供电、油雾分离系统、循环利用系统以及产线集中排屑系统，实现高效利用能源、减少污染排放，践行绿色制造理念。

对于制造行业，特别是流程制造行业，水、电、气、风等能源介质是重要的管理要素，能源管理可以保障能源安全稳定供应和节能降耗，这主要应从以下方面考虑。一是能源模型，定义维护测量参数、测量点、能流网、分摊算法等。每个能流网可定义采集平衡周期。测量参数档案记录了测量参数由底层仪表、采集站、SCADA 系统、EMS 系统信息构成的完整的档案信息，方便用户管理。二是能源实绩统计，对能源外购、产出、消耗、外供数据进行抄表、统计和维护，能够支持日、周、月等阶段性的统计。对于月中的数据作为生产分析使用，而月末的数据将作为部门的产出和消耗的实际数据使用，并能按照核算的要求完成数据归集，进行成本数据的传递，起到对能源的有效控制和对消耗量的管理与预测作用。这包括计量表数据采集、自动计算、网络差异分摊、能源统计及平衡等。三是班组能源消耗，如果能源计量能计量到生产线，在车间作业记录中可记录本批次消耗的能源，实现精细化能源管理。月结数据形成 ERP 财务成本数据，分摊后的数据，根据需要进行处理，在月底进行月结，月结后数据按成本中心归集，并自动汇总，填写到 ERP 成本管理模块各成本中心对应时段的能源消耗成本上。即 ERP 中的能源成本数据可直接从 MES 获得，不用人工录入。四是能源管网监控，通过监视画面，监控各能源介质的能源管网运行情况，如关键设备的温度、压力、电流等参数。能源分析及预测优化，采用科学的数据分析方法，对实际能源消耗数据进行分析，为管理决策提供依据。主要分析的内容包括四级能耗指标分析、产品单耗分析（对于批次生产按批次进行单耗分析）、各成本中心的能源成本分析、同比（环比、对比、对标）分析、能源负荷与设备状态关联分析等，分析结果表现形式包括柱状图、饼图、混合图等。通过能源预测及优化模型，可以对能源生产运行进行预测及优化，如蒸汽使用优化、变压器负荷优化等。

（六）智能制造实现降本增效：以美的荆州工厂为例

美的荆州工厂（以下简称"荆州工厂"）是美的集团家电业务板块的核心工厂之一，入选世界经济论坛第8批全球"灯塔工厂"名单，生产美的、小天鹅、东芝、COLMO等知名品牌，年度产能可达1200万台、产值超100亿元。美的冰箱荆州工厂通过业务变革、流程创新，结合工业互联网、大数据、智能仿真等技术，最终实现劳动生产率提高52%、交期缩短25%、质量缺陷降低了64%、客户满意度提升11%。

荆州美的洗衣机厂成立以来按照世界级"灯塔"工厂规划建设，坚持"全5G连接全新智慧工厂"的发展方针，结合5G、AI、大数据、云平台等，将建成工业4.0智能制造示范基地。截至2022年6月底，全工厂超过15个应用场景，4300+点位5G连接需求，涵盖全园区全产线。公司拥有洗衣机总装智能制造车间、注塑车间、钣金车间、成品仓库、可靠性工厂中心等场景，市场范围覆盖浙江、上海、江苏、安徽、湖南、江西、福建、广西等省份。

1. 数字化转型背景分析

近年来冰箱市场持续变化，消费者对高端产品的需求增加，企业仅通过大规模、标准化、批量化、自动化的生产已不能满足市场需求，如今，消费者的个性化需求更加凸显。越来越多的企业开始思考如何为消费者提供个性化、定制化的商品和服务。针对这一诉求，企业可以通过两种途径入手。第一种是提供的产品和服务不变，利用更精细化的数字化营销方式获得用户增长。企业可以通过构建用户画像，快速找到目标用户，将产品精准地推销给用户。第二种是以用户为中心重构企业的产品开发和创新模式。通过大数据分析更深层次地理解用户需求，基于不同用户的画像匹配不同的产品和服务，让企业立于市场竞争的不败之地。

响应国家政策要求，迎接产业数字化转型下智能制造新趋势，应对传统制造工艺带来的种种业务挑战。美的集团荆州工厂于 2020 年 10 月签约落户于湖北荆州开发区，美的集团开始着手数字化智慧工厂建设。借助工业互联网平台，融合新一代信息化技术，驱动荆州工厂生产变革，实现工厂供应链透明化、可视化；清晰、实时掌握物料的流向；有效引入、管理供应商资源；高效、无缝的供应链协同；提升生产效率，降低生产成本。工厂生产的冰箱型号从过去的 4 种提升到 12 种，高中端混产、内外销混产，对荆州工厂的制造、排产等流程提出了更高的挑战。这是荆州工厂管理团队对新一代智慧工厂建设目标的定义。

2. 数字化转型实践与蓝图

围绕当时的产品领先、效率驱动、全球经营战略主轴，美的 2012 年全面推进精益改善，导入价值流拉动、精益物流、标准作业等方法论，在精益柔性制造基础上，2015 年全面导入机器人实现生产自动化及物流自动化的突破，结合工业互联网、大数据等技术，逐步向无纸化、透明化数字工厂发展。2020 年，美的确定了新的数字化转型战略——全面数字化、全面智能化，在内部，通过数字化技术提升企业效率，实现全价值链卓越运营；在外部，通过数字化工具紧紧抓住用户，直达用户。

美的冰箱荆州工厂先后历经了精益化、自动化、数字化、智能化转型，在集团数智驱动新战略牵引下，美的冰箱荆州工厂通过运用数字孪生、工艺仿真、自动化工艺（见图 3 - 3），全面导入 AI、工业互联网、5G、智能仿真等技术，稳步向信息透明化、过程无纸化、管理数字化、决策智能化的绿色智能制造工厂迈进。

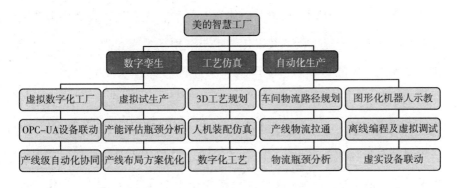

图 3 - 3　美的智慧工厂实施路径

美的制订了智能制造整体解决方案，引入柔性自动化、物联网和人工智能技术。钣金制造 U 壳车间内，不同型号的模具通过排程系统，在零换线基础上实现一键一秒钟的冰箱换型，单条生产线可兼容 39 种产品共线生产经过转型升级，该工厂的生产已经实现混线生产的模式，能在多种条件中找出最优化的计划排程，一条生产线可以同时生产多种批量的产品。

例如，荆州工厂的全自动化注塑车间实现了设备与设备互联、设备与物料互联、设备与人互联，原本 48 人的用工减少到 4 人，还将延伸到挤板、吸塑、电子等部装车间，实现更多环节无人化制造。原材料自动配比后通过管道注入注塑机中，设置程序自主压制成型，一个个冰箱抽屉瞬间被机器"吐"出，再通过传送带输送给机器人，机器人抓取抽屉放置在指定货架上。货架存放满后，调度系统通过智能优化算法，"呼叫" AGV 机器人前来撑起货架送往目标地点，卸货后再将空货架运回机器人旁的指定位置。

3. 数字化转型模式与机理

（1）集中管控，向管理要价值。荆州工厂建立了统一的流程、统一的数据标准、统一的业务系统、统一的 IT 系统，实现标准化和透明化。制定出统一的顶层规划、精益营运体系，制造管理模式以及数字智造人才培养体系等，通过不同的数字化技术与应用场景来实现精益化、自动化、数字化、智能化制造，实现从"工厂的整体顶层规划设计—工业 4.0 用例设计—后续的 IT 系统落地"，达到快速响应客户需求的目的。技术支撑是工具，业务落地是内核，管理变革是保障。以技术为驱动、坚持管理变革和业务落地同步提升，实现管理和业务双向迭代。实现荆州工厂仓库从 2300 变为 130 个，仓库面积由 600 平方米变为 150 平方米，库存销售由 17.6% 下降为 11%，库存周转率大幅下降，实现了供应链全链路的效率最大化。

（2）借助数字化网技术，实现网络化协同。美云智数作为美的集团数字化经验中孵化出的新型软件企业，基于先进企业的业务实践，并将管理实践软件产品化，通过大数据、物联网、人工智能、云计算等技术，为智能制造及产业互联提供工业软件及 SaaS 服务。推进"632"项目形成 6 个运营系统、3 个管理平台、2 个技术平台，对除了 ERP 之外的所有产品都进行了重构和建设，形成美云智数在研发、营销、供应链、制造等领域相关的产品和解决方案。

（3）工业互联网平台，助力集团智能制造转型。工业软件是智能制造的核心，面对核心领域工业软件"卡脖子"风险，美云智数作为美的集团旗下主攻数字化转型的新型软件企业，正在做一些努力，希望用国产化的软件和科研能力，实现制造领域工业软件国产化。数字孪生和工业仿真领域基本上都是被国外厂商垄断。美云智数工业仿真 MIoT. VC，作为国内最早的工业级数字化仿真平台之一，结合中国企业业务实践，在国内做了本地化的重构和开发，集 3D 工艺仿真、装配仿真、人机协作、物流仿真、机器人仿真、虚拟调试、数字孪生工厂等功能于一体的数字化工业仿真平台，在院校教育领域施行"产教融合"的理念，致力于制造业人才培养。

（4）面向未来：打造共享库存，优化资源配置。美云智数的解决方案已经应用在40多个细分领域。据美云智数相关负责人透露，2021年将继续以"数字化落地＋数字工厂建设"能力为底座，开放渠道生态，通过六大合作模式全渠道招募1000家以上生态伙伴，计划触达超过2万家企业，共同打造智能制造的数字生态，达到优化存量、培育增量、化解变量的目的（见图3-4）。

优化存量	培育增量	化解变量
提高质量	新产品	易变性
增加效益	新模式	随机性
节约成本	新业态	复杂性
降低能耗	新能力	不确定性

图3-4 美云智数数字生态解决方案优势

（5）数字化转型成效。美的冰箱荆州工厂以打造"灯塔工厂"为契机，大规模引入柔性自动化、物联网和人工智能等数字化技术，打造更快、更柔的供应链响应能力，能在多种条件中找出最优化的计划排程，一条生产线可以同时生产多种型号的产品，达到了增效、降本的成效（见图3-5）。

增效	降本	示例（美的）
劳动生产率提高15%~30%	设计、工程成本下降10%~30%	劳动生产率提高52%
提高工人每小时劳动生产率40%~60%	减少废料20%~35%	交付周期缩短25%
提高运营部门间接人工效率30%~40%	库存占用成本下降20%~40%	质量缺陷降低64%
提高设备综合利用率	减少能耗5%~8%	客户满意度提升11%

图3-5 美的荆州工厂数字化转型成效

第四章 智能财务促进管理价值重塑 4

在经济发展不断推动会计职能演进的同时，信息科技的进步也极大地改变着会计处理和财务报告的方式，进而影响到会计职能的发挥。云会计、财务共享服务中心、管理会计信息化的优势逐渐显露，并将会计基本职能的发挥和延伸职能的扩展推向了新的高度，也逐渐由理论设计变成了现实。管理会计信息化已然成为会计信息化发展的主要趋势，其目标在于通过业务财务一体化在企业管理信息系统中的实现，以财务和业务数据为基础，借助大智移云技术手段，获取、加工、整理、分析和报告信息，为企业开展管理会计活动提供全面、及时、有效的数据支持，最终使得财务管理工作与企业战略目标充分一致，并支撑战略目标的实现。

在产业数字化引领的行业转型浪潮中，财务数字化转型是耀眼的明珠。财务数字化转型是利用大数据、人工智能和云技术改变财务为企业创造价值的方式，对财务价值进行彻底的重新定义。财务数字化转型是指企业在财务领域运用云计算、大数据等技术来重构财务组织、再造业务流程，提升财务数据质量和财务运营效率，更好地赋能业务、支持管理、辅助经营和支撑决策。财务数字化转型的关键在于保证数据的真实性、完整性、实时性和有效性。智能财务是一种新型的财务管理模式，它基于先进的财务管理理论、工具和方法，借助智能机器（包括智能软件和智能硬件）和人类财务专家共同组成的人机一体化混合智能系统，通过人和机器的有机合作，完成企业复杂的财务管理活动，并在管理中不断扩大、延伸和逐步取代部分人类财务专家的活动。

在财务领域，随着大智移云等信息技术的出现和逐渐成熟，财务管理面临着新的机会和挑战，财务预测决策、财务风险管控以及财务成本管理等有了更先进的算法、模型和工具。数据处理技术可以汇集更全面的数据，商业智能和专家系统能够综合不同专家的意见，移动计算可以帮助财务人员随时随地完成管理工作，财务机器人可以实现财务管理活动的自动化操作，现代系统集成技术可以消除业务、财务和税务等之间长期形成的信息和管理壁垒。由此可见，以人工智能为代表的新一代信息技术的发展给财务管理带来了新的发展契机，正在使财务从信息化向智能化方向转变。

一、产业数字化转型时代下财务管理的核心问题

企业集团在快速发展过程中，运营风险不断多样化和复杂化，越来越需要一套系统化财务系统保障企业对应风险。新时代下企业管理者不再满足于财务部门仅提供传统财务职能中记录数据的价值，而更迫切地需要精细化管理下的数字化与业务和财务相互融合，企业在发展中面临着激烈的竞争，快速变化的市场和消费者的需求都要求数字化的支持，要求财务部门站在价值角度对企业数据进行进一步的加工和处理，以便于为管理层决策提供支持。原本的核算体系只能按照财务会计准则从一个维度去记录企业的经营活动情况，而企业经营管理的需求是从多维度

和多视角来分析数据。这就是问题的根源。财务部门需要提高财务的决策支持能力和财务体系的服务能力，最终达到财务创造价值的目的。

相对于传统的会计核算财务、电算化财务和信息化财务，智能财务在信息处理方面有着显著的优势：它可以借助 RPA、模式识别、专家系统、神经网络等技术，自动、快速、精确、连续地处理财务管理工作，帮助财务人员从常规性会计核算工作释放出来，去从事洞察业务数据、把控业务风险和更具创造性思维的工作；智能财务还可以借助全面而非抽样的数据处理方式，自动对财务活动进行风险评估和合规审查，通过自动研判处理逻辑、寻找差错线索和按规追究责任，最大限度保障企业的财务安全。

智能财务不仅是财务流程中部分环节的自动化，也不仅是某个财务流程的整体优化和再造，而是财务管理模式，甚至是财务管理理念的革命性变化，它借助于人机深度融合的方式来共同实现前所未有的新型财务管理功能。智能财务是建立在云计算、大数据、人工智能等新技术基础上并结合企业互联网模式下的财务转型升级与创新发展的实践而产生的新形态，通过大数据技术进行建模与分析，利用人工智能的技术提供智能化服务，为企业财务转型赋能，帮助企业打造高效规范的财务管理流程，提高效率，降低成本，控制风险，从而有效促进企业财务转型。

二、财务发展基础要素

（一）财务发展四阶段

财务会计的概念在我国起源极早，早在周朝就有专职为皇家掌管财税的官吏，随着时代的发展，复式记账法等会计核算的重要方法逐渐传入我国并被业界广泛接受，从 20 世纪 80 年代开始，我国进入财务电算化阶段，使用简单的财务软件取代部分人工核算工作，从 90 年代开始跨入信息化阶段，使用 ERP 等专业的财务软件对财务信息进行快速处理和全域共享，在此基础上可将财务的发展概括为四个阶段及六种要素。

（1）集中核算阶段对财务人员的要求为标准化财务核算流程、合理的信息技术支持、本地财务人员转型、提升核算人员能力。

（2）财务共享阶段对财务人员的要求为强化标准财务处理、系统自动化统一化、关注财务服务效率、控制财务服务成本、夯实财务数据基础。

（3）数字化财务阶段的要求为形成财务数据中台、沉淀财务服务能力、数字化分析运营支持决策。

（4）沉淀智慧应用阶段的要求为实现智能数据分析应用、财务风险智能提醒、商业化场景职能应用。

（二）财务数字化六要素

财务数字化转型六要素为数据基础、组织基础、技术基础、数据积累、系统优化、财务团队优化。数据基础包括数据融合和数据治理；组织基础包括组织结构和人才团队；技术基础包括数字应用和信息技术更新；数据积累包括集中财务数据和提升业财数据质量；系统优化包括智能化数据应用和打通业财数据接口；财务团队优化包括财务人员专业能力提升和组织职能重塑。

共享服务中心建设六要素包括总体规划、组织架构设计、流程梳理设计、核算体系标准化、信息建设方案、制度体系建设。

财务转型落地解决方案，应从强化精细化核算及精益数据体系、管理会计报表体系设计、业务财务绩效考核方案制订、财务活动识别及设计、组织架构落实、业务财务工作标准化等方面入手。

三、财务共享系统架构与功能

在数字化时代的背景下，财务共享中心从早期单纯的核算工厂到逐渐主流的"数据聚合"，财务共享服务的边界需要重新厘定。借助数字化工具，财务管理能力中"可复用"的定义得到了更新和拓展。从整体上看，存在两个主要层面的问题：一是在共享自身建设方面，共享标准化、流程化、信息化建设及数据治理、共享运营管理等方面还需进一步完善；二是在业财联动方面，由于业财流程交互不充分、业财系统集成不彻底、业财数据不同源等难点问题仍未完全解决，导致业财数据还未完全打通，支撑管理决策作用不明显。

（一）共享中心运行的基础定位

目前，标准规范落地难，业财流程打通难。大多数大型集团、企业经过多年系统建设，内部系统众多，总体功能丰富，业务需求零散不统一，难以一套系统包打天下。企业数字化转型路径并未明晰，业财数据标准化基础薄弱，管理层的数据需求得不到有效满足。基于以上诸多困难，企业建设财务共享面临较多挑战。例如，共享中心信息基础薄弱导致财务系统难以高效运转；数据不同源导致数据价值难以有效发挥作用；标准化及流程与业务融合不足导致业务一体化难以形成；旧有人员难以满足共享中心技术需求导致整体难以高效运营。目前，企业对于财务共享中心的定位主要分为以下三种。

（1）服务价值向数据价值及管控价值转变。共享中心持续通过自动化实现服务效率与服务价值的提升，同时，借助数字化工具和数据聚集逐渐开始探索数据应用，以期实现挖掘更多价值，包括分析支持、数据管理、逻辑计算等。

（2）共享运营中心内容逐渐拓展，成为集团管控的有力手段。当前共享运营在组织、人员、流程等方面相对比较成熟，在数字化冲击下，共享运营逐渐将数据管理、规则管理、标准管理纳入核心管理内容中。

（3）系统功能和建设趋向整合和轻量化。企业对于财务管理职能的要求从繁杂化到轻量化转变，要求共享中心整合复杂的财务与业务数据，集成为业务部门看得懂、用得会的集成平台。

针对以上需求，共享中心将从深化目标与定位、细化规划与路径、扩展核算标准化及流程基础建设，重视系统集成与数据链条打通，提升共享中心运营管理能力四大方面着力改进，进一步提升共享中心增值服务能力及价值创造能力，深化业财融合，夯实一体化经营管控基础。

（二）业务场景标准化过程

业务场景标准化通过对现有报账事项、预算项目、开支项目、凭证的梳理，形成业务大小类、业务管理与发生维度、对应预算项目，形成统一的业务场景。

核算规则标准化通过梳理全组织、全量的序时账，识别企业的核算场景，并核对差异化处理方式。针对核算场景，进行核算规则的标准化。

表单设计标准化通过访谈各单位骨干财务人员，了解单位特殊事项，完善核算场景，确保核算场景全覆盖，满足企业全业务流程生账需求。将核算场景拆解为不同的环节，根据不同的环节进行表单设计，以生成不同核算场景下的核算规则。

实施方面主要为财务主数据实施步骤，调研财务主数据管理现状、了解财务主数据需求、构建财务主数据体系，包括主责处室、数据口径、准则、财务数据标准化。我们通过与企业相关管理层访谈，调研了业务主数据管理现状，并结合 FSSC 关于标准化、流程等方案提出业务主数据需求。面对快速的业务环境和需求变化，如何调整和适应是众多共享平台需要面对的挑战。

一个企业门户：企业门户（包括企业统一门户、移动办公统一门户、财务共享中心入口）作为集团内用户访问的统一入口，所有应用通过与门户无缝集成，实现用户单点登录，跨应用访问无障碍切换。用户对应用分界无感知，提升用户体验，提高公司信息化水平。

四层系统架构：采用云技术和虚拟技术，集团公司财务共享中心信息系统架构分为展现层、应用层、数据层、资源层，层层依托，科学划分，共同支撑企业财务运转。

五大应用体系：在应用层从功能定位划分，将系统应用划分为五大体系，即集团管控应用、业务专业应用、财务共享应用、财务专业应用和数据标准管理应用。其中集团管控应用、财务共享应用、财务专业应用和数据标准管理应用为一级架构应用，由集团统一建设，集中部署：业务专业应用原则上应按战略单元统一规划，集中建设。

四、"六位一体"的财务共享框架建设

智能财务平台的建设框架和建设过程充分体现了智能财务六大特点：财务共享总体规划、财务组织构架建设、共享流程梳理设计、核算体系标准化、系统建设方案、制度体系建设。总体规划包括共享战略定位、共享组织定位、共享长期规划、共享实施路径、共享布局选址。财务组织构架建设包括财务组织构架、财务职能切分、共享机构设计、财务岗位设计、共享人员需求测算。共享流程梳理设计包括共享流程框架、共享主流程设计、共享详细流程设计。制度体系建设包括共享日常管理制度、共享优化提升制度、共享运营评价方案、服务水平协议。系统建设方案包括信息系统蓝图规划、共享系统功能设计、共享系统集成规划、共享系统上线策略。核算体系标准化包括会计科目体系标准化、核算规则标准化、会计核算管理体系、共享表单规划设计。共享流程梳理设计包括共享流程框架、共享主流程设计、共享详细流程设计。

（一）财务共享流程

共享流程是指一个或者一系列连续有规律的行动。这些行动以确定的方式发生或执行，导致特定结果的产生。简而言之，就是一组将输入转化为输出的相互关联或相互作用的活动。共享流程输入的是业务场景，输出的是财务数据。共享流程优化是一个持续动态的过程，随着外界环境改变、内部管理要求提升、商业模式变化、技术创新等情况不断发生，流程将不定期发生改变。流程迭代程序是从目标设定到系统实施的循环，即遵循"规划—执行—检查—行动"（plan – do – check – action，PDCA）管理循环。首先，设定目标，贴合集团发展战略、财务管理痛点、共享建设目标等明确共享流程设计的目标，并对目标进行重要性排序。其次，进行现状调研，应从"范围、内容、不足与需求"三个方面，全面了解流程现状，发现不足及漏洞，并了解企业自身的改进需求。再次，理解企业财务业务管理现状，并结合行业领先实践，在财务标准工作业务范围清单中梳理建立集团财务共享业务范围框架，识别业务范围框架中涉及流程的业务，形成流程框架，一般从应收账、应付账、总账三大业务范围内予以框定。随后进行主流程设计，主流程是指核心流程，是路标一般的存在，通过主流程确定核心节点，并对影像管理、发票管理、预算控制、资金计划控制模式核算节点与流程环节职责予以论证，为后续流程详细设计奠定基础。最后，进行系统实施，系统方编制实施方案，将流程设计转化为系统语言，并实施配置，实现流程线上化，由客户或监理方验证系统配置准确性、功能完整性。

（二）确定共享流程框架

确定流程框架主要基于以下五点原则：一是是否纳入共享可产生规模效应，主要考虑业务交易量大、操作附加值低、能够带来效率或内控水平提升明显、最能在共享模式下发挥规模效应的业务流程；二是是否可在短期内实现标准化，从而纳入共享，针对部分虽然适合纳入共享的业务流程，在上线初期暂不纳入共享，待后续通过有针对性的标准化工作再将相关流程纳入共享业务范围；三是是否存在相关监管或法规要求，重点关注上市公司、金融公司相关政策，并考虑该流程是否涉及公司战略规划、管控等保密信息，以及该流程及数据迁移至共享中心是否会给公司带来风险；四是是否存在相关监管或法规要求，重点关注上市公司、金融公司相关政策，并考虑该流程是否涉及公司战略规划、管控等保密信息，该流程及数据迁移至共享中心是否会对公司带来风险；五是是否可满足技术可行性，重点关注业财对接情况较好、信息化程度基础良好、自动程度较高的流程，或通过信息化改造可在近期实现系统自动化的流程，在共享发展初期较容易接入共享中心。

（三）主流程设计

主流程方案为流程详细设计的基石，涵盖了财务共享中心各流程的关键处理流程节点及与相关财务管理系统的数据传输节点，主流程方案设计时关注流程执行过程中可能出现的风险点，考虑现有财务核算与报账情况，通过流程优化、系统控制等关键流程环节优化设计进行风险控制；同时兼顾效率问题，在风险规避的同时减少不必要程序，优化流程设计，达到效率提升、风险规避的目的（见图4-1）。

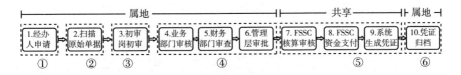

图4-1　主流程方案设计

相较于传统财务核算流程，财务共享中心体系下的流程变化要点体现在六大环节：第一，申请环节进行事前申请、全面预算、财务制度内嵌等管理控制；第二，扫描环节进行多渠道扫描、OCR识别、发票自动验真；第三，初审环节进行事项真实性审查前置；第四，审核环节强化内控管理要点，减少冗余审核流程；第五，核算环节发挥共享中心专业化、规范化优势，准确审核财务管理要点；第六，归档环节注重电子档案与实物档案相匹配。

（四）详细流程设计

以信息化为基础，充分理解企业业务，熟悉企业信息化现状，了解信息化规划，掌握最新的信息化技术、智能化技术，在改造过程中充分利用技术手段优化流程设计，减少操作量，提升流程自动化程度，提高工作效率。

以财务衔接为起点，站在财务管理角度提出财务获取业务数据的标准，并作为依据改造流程，需充分考虑以下因素：一是是否有足量信息自动生成凭证各项要素；二是是否有足量信息提供统计、管理、分析报表；三是数据采集的渠道，是系统传递还是人工采集；四是是否方便、简单、易于理解；五是植入风险要求，如预算控制、合同控制、资金计划控制。

统一业态并兼容差异，对于差异性较小的业务，如费用、资金、资产、税务、薪酬、部分总账业务、报表等，在企业内统一设置一套流程标准，对于差异较大的业务，如采购、销售、成本、工程等，按照业态设置流程标准，个别特殊业务设置特殊流程标准（见图 4-2）。

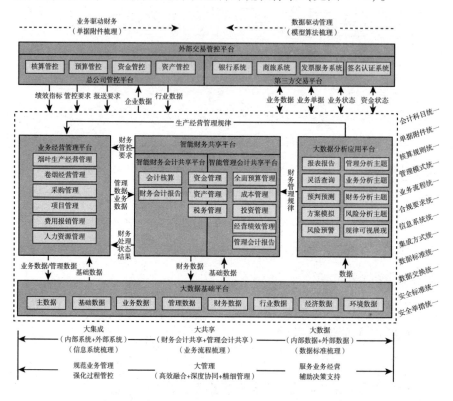

图 4-2　详细流程设计

五、智能财务趋势下财务共享的发展方向

（一）财务共享服务中心的运营优化成为新的价值增长点

财务共享服务中心建设是一次性的，运营优化是持续的。财务共享

服务中心既关注财务流程、交易处理，也关注共享的管理。一个真正的财务共享服务中心 55% 的价值是来自财务共享服务中心实际处理的业务，45% 的价值来自运营优化以及由此深挖出来的业务流程的价值。

（二）财务共享服务中心向业务中台①和数据中台②转变

以智能分析、智能决策和智能风控为核心，财务共享中心向业务中台和数据中台转变：财务共享服务中心是业务中台和数据中台的一个雏形，业务中台的最大优势就是有足够多的业务数据和财务数据的沉淀，支持从数据中发掘业务价值。

（三）财务共享服务中心向虚拟共享模式、云共享模式转变

大量的手工处理作业正在被自动化和机器人流程自动化（robotic process automation，RPA）软件解决，大量的工作通过业务触发共享平台信息系统自动进行后台的记账、增值税纳税申报表的实时更新，实现了业财税金完全打通。在这种情况下，未来的趋势更适合于虚拟共享模式和云共享模式。

（四）财务岗位将转为前中后台模式

前台财务人员注重与业务的交流，辅助完成财务方案和发掘与财务相关的场景。后台财务人员基于大数据算法、建模，提供实时决策、实

---

① 业务中台主要解决系统重复功能建设和维护带来的资源浪费，通过提炼出业务共性的能力，将后台的部分服务职能前移，最终形成可复用的业务。

② 数据中台，是为解决企业多系统数据无法互通而诞生的，逻辑上强调以数字化的手段、统一数据的标准和口径，将数据抽象成服务，响应前端业务的快速变化。

时预算支持等。中台则包含规则维护岗、运营优化岗等。

因为财务共享服务中心在未来会以业务中台和数据中台的形式发挥在运营优化、数据分析方面的价值，所以未来财务人员的工作内容将由核算向分析、预测和决策转变。

六、智慧财务的探索与实践
——以 H 公司财务共享方案为例

H 公司是国内领先的财务管理解决方案服务商，专注为企业提供专业的、深度的财务分析方案，帮助企业优化财务管理，提供重要的经营洞见，助力企业管理的数字化转型。经过十几年的发展，H 公司已经陆续为百余家国内知名大型企业提供财务信息解决方案，由于服务的客户遍及全国，H 公司有相当比例的员工需要派驻各个客户公司，差旅业务相当频繁，费用报销业务在日常财务管理活动中相对较多，对公司的费用报销模块提出了更高的要求。

（一）传统的费用报销业务流程

业务人员在日常财务管理活动中接触最多的就是费用报销，这对于财务管理活动来说是一个高频的业务场景，也是财务人员和业务人员互动最多的一个流程。传统的费用报销流程是通过纸质单据的流转、审批、结算的一个流转设置，业务人员在费用发生时要特别注意相关纸质单据的保存。当业务人员发起费用报销时，需要按照公司的财务管理规章制度处理纸质发票，并按照流程发起费用报销申请，填写相关单据，提交业务领导审核，审核通过后，财务部门通过增值税发票查验平台验证发票的真伪，随后确认纸质单位是否合规，最后通过资金支付系统完成付款和入账等操作。

（二）H公司费用报销现状

经过十几年的发展，H公司已经初步具备了基础的信息系统，费用报销流程基本实现了费用流程的线上迁移，上线了电子报账系统、电子影像系统、电子档案系统等模块，业务人员实现了报销申请、审核、收款等流程的线上化。通过业务人员的调研反馈，目前费用报销流程尚存在若干未能解决的痛点，还有可以提高的空间。首先，费用报销相关单据的粘贴过程烦琐，当业务人员需要填报的费用报销事项较多时，会消耗业务人员较多的时间与精力，报销链条中还存在较多的手工作业及低附加值环节。其次，财务审单耗用时间较长，报销周期较久，业务人员费用报销体验不佳。财务部门每日处理的费用报销单据数量级达到万级，财务人员面对成千上万张报销凭证及报销单，工作压力较大，且工作满足感较低。为了进一步提升费用报销环节的效率，改善员工体验，提高工作效率，H公司决定对目前的费用报销流程进行优化与升级，将网上报账系统的功能范围扩大，纳入费用发生段，增加商旅模块与采购模块，业务人员在差旅和采购活动发生时，即可将相关订单信息直接关联至报账系统，从业务发生点减少了相关单据的粘单、填单步骤，减少了业务人员的操作步骤，使得费用报销环节流程得以简化，完成财务云端阶段化目标。

（三）智慧费用报销系统建设

（1）建设目标。利用信息化手段实现费用报销流程的更新换代，推动费用报销业务朝着更为移动化、自动化、智能化的方向发展。H公司启动了费用报销智能化建设,通过流程自动化、信息录入标准化、审核智能化、费用结构可视化,构建出类别明晰、条线合理、授权合理的费用管控模式,全方位把控费用报销的事前、事中、事后环节,达成费用环节降本增效的目的,优化企业员工的报销体验,为管理者提供企业费用开支的精准数据,更加深入地了解和掌控企业。

（2）建设方案。智慧费用报销业务流程模式下,员工进行费用报销主要包括数据采集、单据提交、业务审批、财务审核、财务入账、资金支付六个环节。

数据采集。员工进行报销时,在票联系统中可通过微信卡包获取电子发票,或通过混合拍照OCR识别方式采集增值税普通发票、增值税专用发票、电子客票行程单、火车票、机票、出租车票、定额发票等各类纸质发票的票据信息,并输出为结构化数据。H公司在OCR智能识别引擎的基础上引入了票据切分分类引擎。票据切分分类 + OCR智能识别的整体解决方案在进行票面信息采集时,技术实现路径遵循:其一,通过几何变换、畸变校正、去除模糊、图像增强等技术对图像进行预处理;其二,基于图像分类算法、目标检测算法等的切分分类引擎对图像进行切分分类;其三,基于卷积神经网络等深度学习技术的OCR智能识别引擎进行OCR识别,完成票面数据的结构化输出之后,票联系统可对电子发票自动进行查重处理,并集成税务局系统进行专票认证及发票验真,并将发票信息及商旅、采购等订单信息自动对接至费用App。

单据提交。采集票面信息之后,员工可通过费用App进行提单报销,直接勾选商旅系统和办公采购系统中的订单信息,以及票联系统中经过校验的增值税发票和其他票据,即可快速发起报销审核流程。对于纸质发票和其他纸面单据,员工在费用App提单之后,还需将单据投递至智能票据箱。原有费用报销模式下，员工在填制报销单时需要手工完成录入。以解决手工填单痛点、帮助报账人减负为出发点，H公司通过三个方面的具体实践实现了智能填单：一是自动关联商旅、采购、合同等内外部信息，并将差旅规则、差旅标准、借款要求、内控规则等规则信息内嵌系统；二是用"点击"取代"填写"，让报账填单更为简单便捷。变以往的填空题为选择题，员工在使用移动端填写报账单时，只需点选就可完成信息录入；三是引入智能语音识别技术，辅助员工快速填单。员工在完成必要单据信息录入之后，可依托语音识别技术实现备注信息的语音输入，进而使"零手工输入提单"成为可能。

业务审批。基于信用评测、规则预警、历史报账等信息，业务领导可通过移动端实现对报销单的快速审批。

财务审核。智能审核系统引入机器学习算法，搭建审核引擎，辅助财务人员轻松完成审核。基于审核规则相对固定、工作基础性较强的特点，H公司引入了智能审核系统辅助人工审核，以减轻财务人员工作压力、提高财务审核效率。智能审核通过可配置的审核规则内嵌系统，针对前端智能采集获取的结构化数据，根据系统机器学习的规则库进行全方位智能审核，在将审核结果进行可视化展示的同时，推送至财务人员待办，由财务人员对审核异常及无法判定的非标准化信息进行补充审核。审核结果通过红绿灯的形式进行展示（红色表示审核未通过，黄色表示警示性审核要点，绿色则表示审核通过）。"智能审核+人工审核"模式通过设置智能审核引擎、配置审核规则，让智能化渗透到财务处理的每一个环节，达到最佳的"人机协作"状态，降低审核过程中的人工参与，避免人工审核的遗漏和失误，大幅提高审核的效率与质量。

财务入账支付。审核无误之后，单据自动流转至会计核算系统并生成会计凭证。银企互联系统对接核算系统接受付款数据，自动生成付款指令并完成资金支付。

资金支付。H 公司通过开发应用财务云图实现了费用分析数据的数字化呈现。财务云图作为一种数据分析与可视化工具，能够汇集企业内外部海量数据，从数据中挖掘价值信息，并结合大数据分析模型及算法，形成相关数据的清晰视图。H 公司通过财务云图的应用提升了差旅成本管理的可视化程度，大幅提高了费用分析的效率及质量，进而实现了费用数据的智能分析。具体来讲，H 公司通过财务云图实现了费用支出管理数字化、费用合规管控数字化、员工满意度数字化（见图 4-3）。

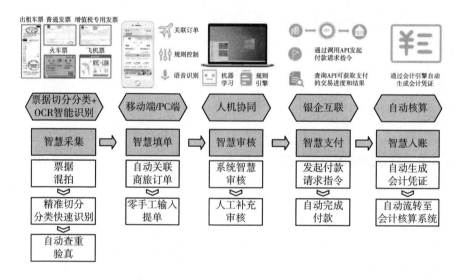

图 4-3　智慧费用报销流程

（四）智慧费用报销系统建设价值分析

通过智慧费用报销的探索与实践，H 公司实现了在采集、填单、投递、审核及费用报销分析等流程节点的智能化，费用报销业务在处理效率、完成质量、支撑决策、价值创造等方面实现了全方位的提升。

（1）提高填单质量，提升财务审核效率。费用报销业务流程通过智能化再造之后，H 公司实现了员工填单和财务审单质量及效率的大幅提升。智能填单模式下，员工填单时平均单笔录入时间缩减至1分钟左右，单据的平均退单率显著下降；"智能审核＋人工审核"模式下，财务审单时单笔报销平均处理时长缩短的同时，基于员工报账体验的优化，财务部门的业务满意度也显著上升。

（2）提质增效，降低成本。降低处理成本，加强风险管控力度。H公司通过自动化、智能化技术的应用，有效降低了单据处理成本及财务运营成本；通过系统内嵌大量审核规则，有效减少了审核过程中的人为疏忽和失误；通过多维度费用分析、实时监控开支预算，有效提升了资金收支的监管水平。在此基础上，H公司实现了对各项费用支出的宏观把控和精细管理，从而强化了费用及财务风险的管控力度。

（3）流程智能高效，全面优化费用管理。通过智慧费用报销实践，H公司实现了费用报销中审批流、资金流、会计流、内控流、数据流的智能高效，完成了费用管理各维度的全面优化。其中，审批流借助于智能审核，让领导审批审核更便捷；资金流依托自动对接银企直联，让资金支付更及时；会计流通过自动生成会计凭证完成入账，让会计核算更简单；内控流通过内嵌预算及审核等规则的智能化，让费用报销更合规；数据流借助费用云图可视化费用数据，助力数据更有力地支撑经营决策。

（4）降低运营成本，指导经营管理决策费用报销业务成本作为财务管理运行成本的重要参照，对财务以及整个企业运营成本的下降具有重大意义。H公司通过数据分析实现与外部供应商的谈判议价，通过对整体差旅费用的分析实现公司业务布局的决策。费用数据的深度挖掘，有利于企业降低运营成本、实现真正有效的成本控制，对企业的日常经营管理决策具有指导意义，有助于企业实现高质量发展，提高核心竞争力。

第五章 数字化城市让生活更美好 5

城市是经济、文化、政务、环境等复杂业态的集合体，城市的治理水平与人民的幸福生活息息相关，也是国家治理能力的重要体现。随着城市化的不断推进，城镇扩容也融入了越来越多的新市民，这也为城市管理者带来了新的挑战。智慧城市在我国的兴起分为三个阶段：2008年，智慧城市的概念在部分一线城市萌芽，在此期间智慧城市的主要特点为各个领域尝试利用新一代网络通信技术对行业进行数字化建设，将业务形态从线下迁移到线上；2012～2015年为智慧城市试点探索阶段，部分城市成立智慧城市项目管理部门，协调各领域进行联动共享，智慧城市步入规范发展阶段；2016年以来，"大智移云"等新技术在智慧城市的发展中扮演了越来越重要的角色，居民与科技在城市的发展中共荣发展，智慧城市发展理论和实施路径逐渐成熟，进入了高效发展、协同创新的阶段。

"十四五"规划中强调，要完善共建共治共享的社会治理制度，扎实推动共同富裕，不断增强人民群众获得感、幸福感、安全感，促进人的全面发展和社会全面进步。在这种共建共治共享的时代大潮中，城市管理者包容审慎、市民积极配合、企业敢于担当，让中国特有的

"科技为民"的城市形象日趋丰满起来。从发展重点看，进一步强化城市智能设施统筹布局和共性平台建设，破除数据孤岛，加强城乡统筹，形成智慧城市一体化运行格局；从实施效果看，通过叠加5G、大数据、人工智能等新技术发展红利，推动智慧城市网络化、智能化新模式、新业态竞相涌现，形成无所不在的智能服务，让人民群众对智慧城市有更切实的现实获得感，从而推动城市治理体系和治理能力现代化。

一、数字化给城市公共机制运行带来的转变

（一）数字政府运行理念

数字政府转型需要有整体方法推进，包括推进数据治理、促进有效的公共通信、强大的信息通信技术基础设施以及新技术应用能力，建立符合信息化发展需求的制度和机制，制定数字化发展战略，形成监督和评估机制。

我国数字政府建设在政务服务、数字治理、数据治理三个方面统筹推进，中央层面顶层设计、系统规划、全面部署，地方层面进行细化、补充规划、强调落地。一是以服务群众为中心，落实服务型政府理念。数字政府坚持和践行服务型政府建设理念，全面推进政府运行方式、业务流程和服务模式数字化智能化，降低制度型交易成本，让"数据多跑路、群众少跑腿"。例如，以前只能通过线下办理的业务，如今也可通过线上异地办理，极大地节约了人力、物力成本，为居民的生活增添了不少便利。新冠疫情期间，全国一体化政务服务平台推出返岗就业、在线招聘、企业登记、项目审批、网上办税等高频办事服务700余项，

提供"无接触"线上服务33亿人次。此外，我国全面建成政务服务评价制度体系，让企业和群众评价权利进一步增强、途径进一步扩展。随着健康码、行程码成为市民出行的标配，科技成为方便市民生活的重要工具。

数字政府建设以数据驱动为抓手，支撑更加科学化的决策。数字政府主张"用数据对话、用数据决策、用数据服务、用数据创新"，以数据引导各项变革。数字政府以数据流为牵引，推动业务流程再造和部门关系重塑，积极构建统一的国家公共数据开放平台和开发利用端口，进行服务事项集中审批、统一办理。城市治理不仅有了以人民为中心的温度，更兼具了科技助力的"硬核"，这也给城市的精细化治理提供了更多思路。例如，在疫情常态化防控背景下，上海市启动城市控制中心，通过"一网统管"平台使用实时数据指挥城市运行，在数据采集、系统融合、功能融合、数据安全上进一步做细做深做实，有力地支撑了城市的数字化转型，保障城市运行安全有序。

数字政府建设以整体协同为目标，强调统筹性的机制设计。数字政府强调整体建设理念，加大政务信息化建设统筹力度，持续深化政务信息系统整合，打通部门间壁垒，提升跨部门协同治理能力。数字政府强调治理机制的协同推进，实现政府内部运作与对外服务一体化，提升部门流程一体化在线服务平台功能，积极完善国家电子政务网络，集约建设政务云平台和数据中心体系，推进政务信息系统云迁移。

数字政府建设以泛在智能为保障，推动实现泛在化的运行。各省份推动政务服务向移动端延伸，不断加强政务信息化建设快速迭代，增强政务信息系统快速部署能力和弹性扩展能力，实现政务服务事项"掌上办""指尖办"。随着信息科技的发展和应用，传统意义上的实体政府、服务大厅等与"线上政府""24小时不打烊"等虚拟政府形式共同存在，政府提供服务不再受时间和空间限制。

（二）疫情大幅加快城市治理数字化

新冠疫情暴发后，健康码、行程码等新应用以其高效便捷的优势迅速成为疫情防控的重要手段，也体现了以大智移云为代表的新一代信息通信技术在推进社会治理方面的独特优势。随着疫情防控措施的有效推行，疫情逐渐得到了控制，进出公共场所出示健康码与行程码已成为居民的共识，人民智库通过网上调查问卷收集了 5928 名互联网用户意见，调研结果显示超过超九成的受访者希望健康码在疫情之后的卫生健康、城市治理、交通出行和文旅娱乐领域继续发挥作用，提升城市的数字化治理水平。后疫情时代，城市管理者面临着让城市社会活动重新展开、经济活动迅速恢复的难题，这也是对城市综合治理能力的大考。中央领导人在政治局会议上明确指出，要把复工复产与扩大内需结合起来，把被疫情抑制的消费潜力释放出来，把在疫情防控中催生的新型消费、升级消费培育壮大起来，使实物消费和服务消费得到回补。

发放消费券是各地复商复市、提振消费的一个有力抓手，各地方政府将网上银行、抖音、支付宝、微信、美团等互联网渠道作为发放消费券的主要途径。消费券的主要可用范围为餐饮、影视、商超购物等与居民日常消费息息相关的领域，有利于提升居民的消费欲望，降低居民的生活负担，提升居民的消费信心。例如，2022 年暑期，随着北京地区疫情防控形势的稳定，有序恢复堂食服务，使得餐饮业有所回暖。餐饮企业们纷纷抓住暑期档进行营销，北京市人民政府适时发放消费券，起到了拉动消费、提振经济的作用。天津市和平区政府在 2022 年 4 月 17 日至 5 月 7 日通过与美团合作向居民发放吸企惠民消费券，活动期间和平区的平均消费复苏率为 14.4%。2020 年 4 月至 7 月，合肥市政府分四批投放总价值 1 亿元的电子消费券，更是直接拉动总额为 5 亿元的消费。

消费券的发放不仅刺激了消费，更精准地促进了中小商户经营的恢复。美团数据显示，参与发放消费券活动的商户在活动期的店均交易额相对于未参与活动商户提升明显。与此同时，消费券还推动了当地小店的数字化发展，不少小店在一系列的活动下完成了线上与线下服务的融合。

通过线上办理群众使用频率高的业务已经成为政府城市治理中的核心目标之一，政府公共服务部门与群众之间通过数据进行连接，提高治理效能，优化公共服务。经过疫情期间卓然有效的建设，政务 App 已经逐渐成熟，功能基本完善，可以满足群众高频的业务办理需求，让群众足不出户即可完成原本的线下流程。纵观后疫情时代，这项工作原则不仅在疫情防控和复工复产上得以充分贯彻，更成为日常城市治理不断追求的核心目标之一。例如，苏州市人民政府推行的政务 App "苏周到"以"周到服务，舒心苏州"作为服务宗旨，服务对象为苏州户籍人口、常住人口、商旅人员和在苏外籍人士等，包含城市形象、普遍服务、公告、特色服务、活动头条、生活情报六大模块的服务内容，具有首页、周知、一码通、周边、我的、扫一扫、消息、天气八大功能。"苏周到"聚焦广覆盖高频次的业务需求，提供各类在线可办理、可预约、可提醒、可查询的服务事项；涵盖置顶服务、社会保障、交通出行、医疗健康、旅游休闲、文体教育、政务办事、民生服务八大服务，完美覆盖居民日常生活、工作的每一个角落；另外，为给用户提供真正便捷易用的服务，"苏周到"在严格保护用户隐私前提下，汇聚"我的"个人数据资产汇聚服务，构建"一人一码一库"，生成与 App 账号关联的唯一"苏服码"，融合线上线下业务场景，提供身份核验、扫码办事、亮码通行等功能，逐步实现"一码通行""一码通办""一码通用""一码通管"的服务目标。

（三）城市治理数字化转型推动服务型政府建设

党的十八大以来，我国不断深化"放管服"改革，对标国际先进标准，加快建设一流的营商环境，以全国政务服务一体化平台建设为突破口，推进商事制度改革，将注册资本实缴制改为认缴制、年检改年报、"先证后照"改为"先照后证"。2015 年，全国推行"三证合一、一照一码"。2016 年，"五证合一、一照一码"全国铺开。2017 年，全国范围内实施"多证合一"改革……到 2020 年底，企业开办时间已经由平均 22.9 天压缩到 4 个工作日以内，极大改善了企业的政务办事效率，减少了资源浪费，提升了政务事项满意度，为推动经济社会高质量发展作出了重要贡献。而在后疫情时代，居民已养成线上办理电子政务的习惯，国家相关部委、地方政府纷纷出台相关政策继续降低办事门槛以应对居民的需求。2020 年 6 月，国务院印发了《国家电子政务标准体系建设指南》，为地方建设电子政务平台提出了明确的指导和标准。2021 年国务院印发的《"十四五"市场监管现代化规划》明确要求，围绕"大市场、大质量、大监管"一体推进市场监管体系完善和效能提升，推进市场监管现代化，着力营造市场化法治化国际化营商环境、激发市场活力。这些政策指导促进了我国电子政务水平的快速发展，据联合国电子政务调查报告显示，中国电子政务水平在 193 个联合国成员国中排名 45 位，排名进一步提升，电子政务发展达到了"非常高"水平，从数字化参与维度评估排名跃升为全球第 9 位，达到了历史最好成绩。

引入以大智移云为代表的新一代通信技术也是政府提升管理服务能力的重大举措。中国城市治理难度巨大，原因在于复杂的城市形态：人口密集、建筑众多、交通流量大，传统的治理方式很难顾及城市的方方面面，也很难具体细化到尽可能小的市民单位，容易造成粗放式管理，与中央深化"放管服"改革的理念背道而驰。2020 年 3 月，习近平在考察杭州城市大脑运营指挥中心时指出，推进国家治理体系和治理能力现代化，必须抓好城市治理体系和治理能力现代化。运用大数据、云计算、区块链、人工智能等前沿技术推动城市管理手段、管理模式、管理理念创新，从数字化到智能化再到智慧化，让城市更聪明一些、更智慧一些，是推动城市治理体系和治理能力现代化的必由之路，前景广阔。此后，国内多个城市对智慧城市的发展作出了明确的部署。例如，2020年，北京市经济和信息化局发布的《北京市"十四五"时期智慧城市发展行动纲要（征集意见稿）》明确提出，到2025年，北京将建设成为全球新型智慧城市的标杆；四川省推进数字经济发展领导小组办公室发布的《关于加快新型智慧城市建设的指导意见》也提出了到2022年要打造30个具有鲜明四川特色的省级新型智慧城市试点示范。

在一系列政策扶持下，大数据、云计算，人工智能等技术在智慧城市的建设上有了更为成熟的应用，并开始覆盖疫情防控、城市交通管理、社会治理、治安防控、生态环境保护、政务便民服务等更多方面。例如，合肥"城市大脑"可以集成"交通拥堵指数""道路拥堵排行""当前在途车辆"等信息，作出交通疏导决策；成都宽窄巷子"智慧大脑"可以通过大数据、人工智能等技术和智能摄像头等硬件的合作来收集总结商业圈人流量与消费水平，为政府施策拉动消费、改造商圈提供数据支撑；上海、宿迁等110多座城市还推出了餐饮企业食品经营许可线上办理服务，餐厅商户可以通过美团申请线上办理食品经营许可证新开、变更等业务，最快1个工作日就能通过审批。

（四）数字孪生城市

数字孪生城市是实现数字化治理和发展数字经济的重要载体，也是发展和带动数字经济的重要载体，是未来城市提升长期竞争力、实现包容性增长、实现可持续发展的新型基础设施和创新平台。数字孪生城市是以整体化全局视角提升城市生命体活力的新模式、新探索。

1. 数字孪生城市主要特点

（1）数字孪生城市从概念培育期进入建设实施期。数字孪生城市的核心要素——城市信息模型（CIM）已加速进入到规模实施阶段，以CIM为切入点推进数字孪生城市落地的趋势向好。上海市花木街道开展"数字孪生城市"建设项目，打造全域化的"数字孪生花木"；北京市商务中心积极建设时空信息管理平台，打造"数字孪生CBD"；贵阳市经济技术开发区开展数字孪生城市安全基础设施建设；武汉市也开展智慧城市基础平台（一期）项目。

（2）数字孪生城市合作生态呈现交织互促态势。数字孪生城市建设是涉及多环节、多领域、跨部门的复杂系统工程，跨行业协作生态共融已成行业共识。科技企业以专长优势参与多个生态，深耕数字孪生城市市场。腾讯云、京东数科、华为等公司基于自身领先技术优势，与智能硬件公司和空间信息厂商合作，打造数字孪生城市的数据技术和基础。

（3）新基建有力促进数字孪生城市加速落地。数字孪生功能成为新基建的重要组成，部分发达地区将数字孪生功能纳入新基建建设范畴。新基建带动5G、物联网、云计算、人工智能等技术创新，同时推动互联网、大数据、人工智能等技术与传统基础设施融合，形成智能融合基础设施，推动物理城市向数字化、网络化、智能化转变，支持精准映射和虚实融合，使构建高水平数字孪生城市成为可能。

（4）数字孪生城市加快推进城市治理创新。数字孪生城市具有打破领域壁垒、打通层级边界等特性，推动城市"规建管"一体化发展，确保城市建设可观可控、城市管理有据可依。例如，青岛依托国内首个新型智慧城市产品解决方案——城市大脑智能管理操作系统（CIMOS），进行数字生态园区建设，基于BIM/GIS等技术构建园区城市可视化数字模型底板，搭建数字孪生园区，提前了解城市特性、评估规划和建设后果，推动城市规划建设快速落地。

（5）元宇宙技术持续发展，数字孪生城市乘风发展。元宇宙是利用科技手段进行链接与创造的，与现实世界映射与交互的虚拟世界，具备新型社会体系的数字生活空间。

目前数字孪生应用尚存在提升的"瓶颈"，实时采集的数据无适配的算法进行处理，无法达到快速分析和辅助决策的作用。继续深入构建成熟准确的数字孪生算法成为推动数字孪生城市进一步发展的重点。

2. 数字孪生城市发展基础

物理与模型（简称物—模）标准统一，有利于保障物联网应用融合创新、产业协同发展。近年来物联网技术大规模应用，感知设备接入数量呈爆发式增长，由此带来的数据信息异构化、应用场景碎片化问题显著。物—模技术应运而生，通过将物理实体抽象化建模、数字化描述、云端虚拟化呈现，为用户提供标准化、低门槛化的应用开发环境。随着物—模统一标准成为业界共识，华为、阿里、中国移动等企业纷纷联合业界伙伴，围绕物—模打造物联网服务平台，通过建设云端标准化服务资源池，为物联网应用提供统一的访问接口、开发工具及增值服务，打破信息在设备和平台间流动的壁垒，推动物联网向多行业延伸发展。以 ICA、OneDataModel、W3C、OCF、Zigbee 为代表的多个国内外行业联盟相继发布了物—模标准，确保不同厂商的设备可以在数据层面"互联互懂"，硬件层面"一次开发、批量复制"，大幅降低系统集成成本，促进业务规模化、规范化落地，打造多方合作的产业新生态。

物联网技术的成熟与应用推广，进一步夯实城市孪生基础。物联网作为新型基础设施的重要组成部分，已全面渗透到城市治理、生产、生活等各个领域中。截至 2020 年底，我国物联网连接数已超过 40 亿，产业规模突破2.4万亿元，基本形成了涵盖智能感知、信息传输、应用服务的完整产业链。随着高性能传感器、物联网芯片、高精度定位、新型短距离通信等技术持续演进，"大数据、大算力、大算法"基础能力不断成熟，物—模标准规范统一，物联网与新一代信息技术加速融合，物联网应用从单系统行业级向跨行业城市级转型。通过感知设备大规模部署，城市级感知平台统一建设，跨系统数据实时共享交换、模型互认互操作，城市级综合应用得以广泛实践，推动物联网（IOT）向万物互联（IOE）转变的同时，为物理孪生奠定了基础，也为数字孪生城市的建设运营及高质量发展提供了有力支撑。

模拟仿真向大尺度跨学科多维度仿真转变。传统的仿真技术主要是针对城市发展过程中重点区域或特定问题的研究，忽视了城市整体性、系统性分析，因此仿真存在片面性、精度较差、效果有限等问题。随着5G、物联网、大数据、人工智能等新一代信息技术的发展，仿真推演技术也正在发生重大变革，模拟仿真不再是针对单点区域的研究，而是逐步向大尺度、跨学科、多维度进行转变，通过城市级、跨领域的因果交互分析和推演，反映城市整体发展趋势和演化问题，为城市的治理和规划提供数据化、科学化、综合化的决策支撑。例如，清华大学研究团队从微观人类移动行为出发，建立了城市演化仿真模型，使得在城市规划与治理中考虑与微观城市居民行为的相互作用成为可能；成宜高速基于全要素数字化表达、精准感知、仿真推演、深度学习等技术，通过分析事故、施工、气象、车流、环境等跨领域相互作用的影响关系，高精确地仿真推演出未来道路状况，并辅助交通管理者作出最佳的道路应急预案与管控措施。

城市仿真工具与算法服务向云化模式转变。城市系统作为城市仿真推演技术的研究主体，是一个高度复杂的机体对象，拥有丰富复杂的基础数据体系，存在数据体量大、业务类型多、价值密度低、处理速度快等特点。而采用本地化软件部署、"一对一"单一事件仿真的传统模式面临计算资源不足、使用成本高，以及在实际工作中往往需要同时使用多个仿真软件导致的标准差异、数据不通等问题，已无法满足城市仿真推演的愿景与需求。随着云计算技术体系不断成熟完备，城市仿真工具与算法服务向云化模式演进成为必然趋势。基于分布式计算、并行计算、大数据实时计算等技术，通过开发的统一云平台，实现软件标准和协议统一化、数据一体化、算力集中化、使用便捷化，让大规模、高精度、城市级的仿真推演计算成为可能。

3. 以标准为抓手规范数字孪生城市建设

从整体发展态势来看，关于数字孪生城市相关概念认识、技术体系、应用场景已初步达成共识，我国数字孪生城市已进入探索建设期。为避免数字孪生城市相关标准多部委分头推进可能带来的标准互通难、体系割裂等问题，亟须基于技术体系，针对实施框架，共同搭建统一数字孪生城市标准体系，促进数字孪生城市有序健康发展。

参照智慧城市体系，更新发展模式，全新构架数字孪生城市标准体系。与传统智慧城市相比，数字孪生城市更加突出技术集成和业务协同，为了强化一体化、整体化实施推进、重塑智慧城市发展格局，在智慧城市标准体系的基础上，拟从总体、数据、技术（或平台、设施）、应用场景、安全、运行等方面建立数字孪生城市标准体系。在总体方面，要形成全新术语体系、总体参考架构、评估评价体系；在基础设施方面，加强数据的整体采集、高速率传输、高效率计算等；在数据方面，形成融合一体的数据资源服务体系；在技术平台方面，突出五大技术体系的平台构建与互联互通；在应用场景方面，突出"一网统管""一张蓝图"等业务系统应用场景；在安全方面，加强孪生体安全；在运营运维方面，注重数据运营、平台运营、应用迭代运营等。

4. 数字孪生城市应用重点领域

数字孪生城市应用重点领域主要为交通、社区、建筑等行业场景。空间测绘技术发展有效助力数字孪生城市建设。全息测绘利用空地一体倾斜摄影、激光扫描等多源传感技术获取全息地理实体要素，通过深度学习 AI 技术等提取建立地理实体的矢量、三维模型数据，形成地上地下、室内室外的一体化全息高清、高精的结构化实体城市信息模型（CIM），有效助力城市数字孪生体的构建。例如，上海市通过智能化全息测绘的手段，实现上海城市的建筑、交通、绿化、水系、部件、管线等各种地理要素全景还原，与传统测绘相比，全息测绘更真实、直观、形象、便捷，并且连接了海量的社会经济属性，可以为城市管理部门按需提供全面信息保障，同时为社会大众查询空间地理信息提供便利。

探索政府与公民共建共用新模式，打造高黏性个人数字孪生体。伴随着线上服务和消费的延伸，基于数字孪生的应用场景也将向民生领域辐射，探索政府与公民共建共用数字孪生城市底座平台成为数字孪生城市长效运营的新方向。一方面，平台在保障用户信息及隐私安全的前提下，通过打通公民各类信息，构建群体用户画像，以移动应用端"多卡合一、一码通用"形式，打造个人数字孪生体应用，为公民提供定制化、精准化服务推送。另一方面，平台可依托个人数字孪生体应用，打造立体化交互、沉浸式体验的新场景，允许公众在城市中发布内容，打造社交网络用户原创内容（UGC）新模式，提升孪生城市黏性；与此同时，平台可面向公民发布信息标注（如城市 POI）、补充等"淘金客"任务，以积分或现金奖励的形式，鼓励公民参与城市信息模型的更新，促进数字孪生城市长效运营。

总体上看，数字化转型可以显著提高企业的全要素生产率。在影响机制方面，数字化转型可以通过提高创新能力、优化人力、资本结构、推动两业融合发展以及降低成本的机制促进全要素生产率提升。异质性研究发现，对于国有企业、大型企业和劳动密集型企业，数字化转型对全要素生产率的提升效应相对较大；对于强知识产权保护度地区和高服务业开放度地区，数字化转型对全要素生产率的提升作用相对较大。

二、数字化助力服务业转型，畅通内循环

自 2020 年新冠疫情暴发以来，全球主要经济体经济受到重创，中国是仅有实现经济正增长的大国，中国经济走出一条先低后高的反弹线：在第一季度经济活动基本停滞的情况下，第二季度经济迎来了复苏。在全世界饱受疫情困扰、物资严重短缺之时，中国背靠完整的产业链，外加科学的防疫措施带来的成功疫情控制局面，为全球经济体提供物资供应。在这次大考中，中国各个产业的发展动能依旧充足，成功经受住了考验。截至 2020 年底，经国家统计局测算，本年度 GDP 环比增长 2.3%，延续增长趋势，总值达到了 100 万亿元，其中，第一产业生产增加值为 77754 亿元，环比上升 3%；第二产业生产增加值为 384255 亿元，环比上升 2.6%；第三产业增加值为 553977 亿元，环比上升 2.1%。从产业占比来看，三次产业占比分别为 7.7%、37.8%、54.5%，服务业占比不断增加，凸显了服务业在我国经济结构中的重要地位，也体现了服务业在疫情冲击下的强劲韧性，为"十四五"规划中大力提倡的内循环及供给侧结构性改革提交了满意的答卷，数以千万计的服务业商户在疫情过后积极复工复产，如雨后春笋一样茁壮成长，不仅满足了疫情过后人们"消费反弹"的需求，也为中国经济释放出更大的动能。2020 年同样是承前启后的机遇之年，"十四五"伊始，我国明确了加快构建以国内大循环为主体、国内国际双循环相互促进的新发展格局。内

需是国内大循环的重要组成内容，其主要推动力量则是来自消费结构的持续升级与以大智移云为代表的新技术推动的创新。因此，作为内循环下经济增长的新动能，服务业亟须提高供给质量，促进行业的提质扩容。另外，服务业一头连着经济发展，另一头连着民生福祉，占据经济总量的"半壁江山"，服务业牵涉面广、影响范围大，直接关系到经济发展和社会稳定的大局。随着数字经济作用和地位的持续提升，全面数字化转型升级将成为我国经济发展的新动能，也将为服务业数字化转型释放巨大的产业红利。

（一）消费是增强内循环的重要基础

2010 年，我国社会消费品零售总额为 41.2 万亿元，同比增长 8%。消费对经济增长的贡献率为 57.8%，拉动 GDP 增长 3.5 个百分点，连续六年成为我国经济增长的第一拉动力。2020 年新冠疫情暴发后，我国乃至全球经济遭受到前所未有的冲击，为了实现"六稳""六保"，政府出台了一系列促消费政策。随着工业化、城镇化的发展，以及一系列鼓励消费政策的落实，消费增长潜力还将进一步释放，消费作为我国经济增长"稳定器"和"主引擎"的作用将进一步凸显。尽管消费对我国经济增长起到的拉动作用越来越大，但我国未来的消费增长潜力依旧巨大。从国际比较来看，相比于发达国家，我国目前私人部门消费占 GDP 的比重依旧偏低。以 2017 年的数据为例，美国、日本和德国等发达国家的私人部门消费占 GDP 的比重分别达到 68%、55% 和 51%，而我国的私人部门消费占 GDP 的比重还不到 40%。随着我国人均收入的进一步提高，以及经济增长模式日益由投资驱动向消费拉动转变，私人部门消费占比预计将有明显提升。纵向结合我国自身发展进程来看，我国的工业化、城市化进程尚未结束，随着越来越多的农村人口进入城市，这部分人群对美好生活的需求将进一步得以释放。

消费增长在经历了量变积累后，质变的倾向已经越发明朗。党的十九大报告提出，在中高端消费、创新引领、绿色低碳、共享经济、现代供应链、人力资本服务等领域培育新增长点、形成新动能。所谓中高端消费，就是更加追求品质、更加追求个性和更加追求全面发展的新型消费。"人民日益增长的美好生活需要"将持续引发消费方式发生革命性变化。如今的消费者在购物时不再只关心价格高低，而是更加在乎品质和品牌。消费力提升和对品质生活的向往，催生了各种全新的消费需求。《2020 京东电脑数码新品消费趋势报告》显示，越来越多的用户开始要求电脑数码新品"内外兼备"，沉浸感、人性化、高效率、高颜值成为当下用户对新品消费的主要诉求。

随着人均收入的快速增长和消费观念的不断升级，我国消费者开始越来越注重生活品质，也越来越舍得在服务上花钱。这一点可以从城乡居民的消费结构中看出，结合 2013～2018 年的数据来看，城乡居民消费结构中占比下降最为明显的是食品烟酒和衣着类消费，全国居民人均食品烟酒消费占比从 2013 年的 31% 降至 2018 年的 28%，其中，城市、农村居民相应支出占比分别从 30%、34% 下降至 28%、30%。与之相对应的是居民消费中教育文化娱乐、医疗保健、交通通信等享受类消费支出占比的上升。例如，2013～2018 年，城市、农村居民在医疗保健上的消费支出占比分别从 6%、9% 上升至 8%、10%，反映出我国居民消费偏好正沿着符合国际一般经验的"生活必需品—耐用消费品—服务产品"轨迹变动。

（二）服务业数字化转型的政策引导

服务业是受新冠疫情冲击最严重的行业之一，服务业经营者在疫情期间举步维艰，由于疫情暴发无迹可寻，服务行业随时面临封控的风险，商业街等服务业经营者聚集的场所人流量骤减，针对服务业遇到的困境，各级地方政府也出台了相应的政策，帮助服务业企业渡过难关。在服务业占比极重的四川省，省政府针对疫情下服务产业遇到的困难，研究出台了《关于应对新型冠状病毒肺炎疫情稳定和促进服务业发展的指导意见》（以下简称《意见》），提出一揽子措施来促进服务业更快更好发展，推动服务业数字化转型形成新模式、新业态并释放消费潜力。

《意见》提出，地方政府应尽快推动商贸流通、生活服务等与基本生活密切相关企业尽快复工复产，积极主动帮扶企业，为相关企业纾困解难，适时推动餐饮、住宿等服务业企业复工营业。同时，各地各部门要加快梳理服务业重大项目清单，分类推进重点项目复工开工。面对疫情中催生出的服务业新模式、新业态，地方政府应助力服务型企业借力大数据、移动互联网、云技术等实现数字化转型，通过美团、饿了么、叮咚买菜等线上平台发展，同时配送员进行无接触配送，借助中央厨房等新业态，实现餐饮行业的集约化发展。

针对消费潜力提振消费信心不足的问题，有条件的地方政府应创建区域性消费中心城市，出台财政补贴、税收优惠等政策激发消费者的消费意愿，开展"汽车下乡"活动，对报废"国三"及以下排放标准汽车同时购买新车的车主给予一定补贴。研究在低风险地区重启夜间经济，支持各地打造夜间消费场景，出台相应的支持政策保障经营者和消费者有效对接。税收方面，对受疫情影响较大的交通运输、餐饮、住宿、旅游等困难行业，允许相关企业 2020 年度产生的亏损递延结转至后续经营核算，且结转年限由 5 年增长为 8 年。

针对企业疫情期间收入降低、财政负担仍然较重的问题，《意见》提出对已依法交纳旅游质量保证金、领取了旅行社业务经营许可证的旅行社，暂退现有交纳旅游质量保证金数额的80%；中小微企业在一定期限内可以免征社会保险单位缴费部分，大型企业可减半征收，生产经营受疫情影响出现严重困难的企业可缓缴。同时鼓励金融机构针对服务业相关行业商协会和大型商品市场、商业综合体、电商平台等经营困难的企业主动对接争取联保联贷，协助服务业龙头企业发行专项债券解决流动性资金需求；开展"服保贷"试点，拓宽省级现代服务业集聚区入驻企业融资渠道。

《意见》还将支持服务业发展的决策权"下沉"，明确支持各地出台延伸政策。包括鼓励省级现代服务业集聚区、列入国家级及省级步行街改造提升项目的街区，减免入驻服务业企业房屋租金；鼓励有条件的市（州）政府对规上服务业企业、带动服务业企业上线复工营业且免收上线平台经营费的电商平台企业给予补贴等。

2022年4月江苏印发《关于全面提升江苏数字经济发展水平的指导意见》，提出要推动服务业数字化发展。服务业既是产业链供应链正常运转的重要保障，也是更好满足人民对美好生活向往的重要领域。如何通过数字化转型苦练内功、强壮筋骨，进而增强服务业抗风险、稳增长、促就业和保民生的能力，是当前迫切需要关注的现实课题。

数字技术丰富了服务业的场景，数字化推动了服务业向纵深发展。江苏省是服务业大省，具有较好的现代服务业基础。《2021年江苏省国民经济和社会发展统计公报》显示，2021年，江苏省实现服务业增加值59866.4亿元，同比增长7.7%，占GDP比重为51.4%。2022年以来，疫情持续冲击叠加原材料价格上涨、生产成本上升等因素，江苏省服务业受到一定冲击和影响，迫切需要推动服务业数字化转型，拓展服务消费的线上场景，进而释放服务业新业态潜力。

服务业数字化转型是一项系统性工程，要具备协同并进的科学发展观。一是政策有保障。对全省性的服务业数字化发展作出顶层设计，将其作为江苏数字经济发展的重要抓手予以系统部署，形成数字经济发展新的增长点。二是消费有需求。从线上线下两个维度激活消费需求，探索通过发放数字消费券等方式，激发公众消费欲望，激活消费市场，扩大消费规模。三是市场有供给。充分利用数字化技术促进服务创新，积极鼓励形成更多基于数字化技术的服务新业态和新模式，大力打造数字服务新产业，丰富服务产品供给，推动传统服务数字化升级和创新数字化服务并行。四是技术有支撑。鼓励省内更多数字技术类企业投身服务数字化应用场景的开发和数字服务产品的研发，主动为中小微服务企业提供应用门槛低、实际成效好的工具和产品。五是推进有章法。确保政府在推进服务业数字化转型过程中不缺位、不越位、不错位，努力形成各就各位、共同发力的良好势头，为服务业数字化有序推进提供强有力保障。六是生态有活力。着力培育既富有活力又具有长远发展潜力的数字服务生态，从产业、人才、市场、供应链、金融等方面形成整体优势，促进数字服务可持续发展。

服务业数字化离不开高水平的数字化基础设施，需要从做大做强做优服务业大局出发，布局建设国内领先的服务业数字化基础设施。建设服务信息基础设施，以全面提升服务业的数字化、智能化和网络化为目标，建设一批以服务互联网和物联网为主的通信网络基础设施，以服务大数据中心、智能服务中心为代表的服务算力基础设施，以及以沉浸式服务、体验式服务为代表的数字服务体验中心等。建设服务融合基础设施，主要指充分利用大数据、人工智能、物联网等技术，对传统服务基础设施进行改造升级，如从推进文化数字化的角度出发，对全省范围内各类文化场馆，包括图书馆、文化馆、博物馆等进行全面的数字化改造，形成适应时代需要的高标准文化服务数字化基础设施。建设服务创新基础设施，主要指建设支撑服务科学研究、服务技术开发、服务产品研制的具有公益属性的基础设施，如建设省数字文旅重点实验室、餐饮数字服务体验中心等。

服务业数字化是创造高质量就业、提供更多服务岗位的重要渠道，必须把发展数字服务作为求解当前就业难题的有力抓手。扩展数字领域服务业岗位，积极探索人工智能训练师、大数据分析师和数据标注员等新职业的开发，并通过系统化的理论培训和专业实训，为新岗位建立相应的标准和规范，促进其健康有序快速发展。积极拓展灵活就业渠道，充分依托直播电商、社交电商、生鲜电商等各类电子商务平台，鼓励相关服务业主体探索新个体、微经济、多点执业等服务业的个体新业态，创造更多就业岗位。完善服务业就业数字化帮扶机制，建立常态化、高可靠和专业化的服务业供求信息发布与对接机制，并提供配套的技术培训和相关服务。

数字服务人才是实现服务业数字化转型的关键所在，需要系统谋划、务求实效。创新数字服务人才培养模式，使更多更好的数字服务人才脱颖而出。加强服务工匠的数字素养培养和数字技能提升，高度重视对爱岗敬业、长期奋战在服务一线并取得优异成绩的服务工匠进行全方位的培养，使他们树立起数字化思维、掌握相应的数字化技能、具备适应时代需要的数字素养。组织形式多样的数字技能大赛，通过设立以数字服务为主题的技能大赛，形成良好的发展氛围和比学赶超的机制，促进更多一线实战人才得到更多的关注和更快的成长，为数字服务人才提供选拔和奖励机制。鼓励相关高校培养符合社会需要的复合型人才，在高职高专类院校开设数字服务专业，注重数字技能与服务能力的深度融合；在本科院校开设数字服务相关的双学位课程，提高传统服务类专业的数字技术能力。

生产性服务业涵盖科学技术研究、情报信息咨询、大型设备安装业、设备租赁业、技术检测业和货运业等服务门类，需要统筹谋划、有序推进。充分发挥数字化在服务业和制造业融合中的作用，促进服务业和制造业深度融合。积极鼓励省内生产性服务企业做大做强，加强其产业集群建设和生态形成，为中小型制造企业的成长和壮大提供系统化的解决方案，不断完善生产性服务的保障能力。培育生产性服务业数字化平台，围绕现代服务业发展需求，整合优势资源，打造一批集战略咨询、管理优化、方案创新、数字能力建设于一体的生产性服务业数字化服务平台，加快生产性服务业协同研发、资源共享和成果推广，提升发展成效。

（三）服务业数字化转型新业态与新场景

服务业数字化转型将会呈现出一系列新的业态和新的模式，需要从本地发展实际入手，重点在以下领域培育数字服务新业态新模式。

1. 数字医疗服务

国内医疗市场规模庞大，居民医疗支出日渐增长，新冠疫情加速了人们的日常医疗向数字化转型，数字医疗服务作为医疗健康服务的重要组成部分，呈现快速持续增长趋势，5G、大数据、人工智能等新一代信息技术重塑医疗服务模式，探索利用数字化手段实现医疗数字化、药械数字化、医院管理数字化。目前，数字医疗服务分为三个层次，分别为技术层、数据层和应用层（见图 5 - 1）。技术层以物联网、5G、大数据、云计算、人工智能为基础设施；数据层则负责相应数据的采集，包括电子病历、检验数据、治疗数据、医疗数据等；最后形成以健康管理、远程医疗、辅助诊断与辅助治疗为主的应用层。其中，互联网医院为提供数字医疗服务的主要平台，用户可以在平台中选择中医远程诊断、西医远程手术等服务，同时，医疗部门协同政府有关部门整合及协调各种医疗资源，建立起服务中小医院的公共数字化医疗服务平台，降低医疗数字化转型门槛，在电子病历、医疗大数据、慢性病数字化管理等方面持续不断优化，智能化程度不断提高。

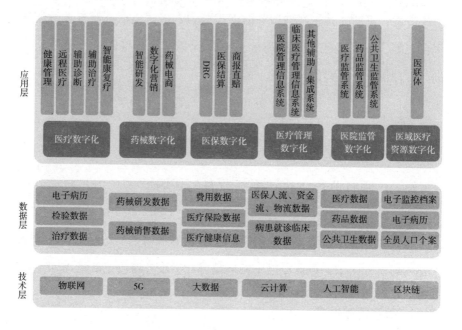

图5-1　数字医疗转型框架

另外，提供数字医疗服务需要整合及协调各种医疗资源，运营准入壁垒极高。数字医疗服务市场的成功因素主要包括成立互联网医院、综合全面的"线上+线下"服务能力、与公共医保的融合以及与商业健康保险产品的合作与创新。互联网医疗平台多以在线问诊服务为核心，向外延伸医药服务、健康管理服务等业务线，典型机构有微医、春雨医生、好大夫在线等。微医作为中国数字医疗服务行业的先锋，在国内提供全面数字医疗服务，根据弗若斯特沙利文的资料，按截至2020年底的互联网医院数量及2019年所提供的数字医疗问诊量计，微医是最大的数字医疗服务平台。医药电商最初布局于在线处方药销售，后拓展至在线问诊、慢病管理等医疗服务，典型机构有京东健康、阿里健康等。医疗信息化最初主要体现于在线预约，后拓宽至病历管理信息化、AI影像、AI 诊疗等，典型机构有创业慧康、东软集团、达实智能等。在线保险机构是在线医疗业务的延伸，多采取嵌套于指定保险产品中的模式，少数机构如众安保险、中国人保等采取独立运营模式，业务线较为完整，但整体在线医疗业务独立性不强，行业布局有待加深。

2. 数字文旅服务

新冠疫情防控期间，网络直播、短视频、云看展、云旅游等文化和旅游线上服务表现亮眼。以数字内容为核心的数字文旅产业异军突起、逆势上扬。各地可充分发挥当地文旅资源丰富、文旅市场基础良好的综合优势，积极推动文旅数字化转型，在打造文旅云体验、促进云旅游和云演艺等方面进行积极探索，力争打造在国内有影响力的数字文旅品牌，以演艺、文博、旅游、非遗、展览、红色、影视等数字资源为内容，提供"VR + 剧场""VR + 博物馆""VR + 旅游""VR + 非遗""VR + 展览"等多种体验项目，通过手机、平板、XR 设备及 TV 屏等多终端将具备视觉与体感、可互动的数字文化资源输送到基层各公共文化服务站，并通过开发元宇宙应用等场景创新文旅体验，提升数字文旅的吸引力。随着数字技术的进一步深入渗透，数字化将不断创造文旅产业新资源，催生文旅融合新业态，推动形成数字文旅新生态和数字化新型供应链，从而变革文旅产业发展的基础设施，改变文旅产业发展的商业模式，提升文旅产业有效供给水平，开拓文旅产业发展新空间。

国家政策方面也对文旅产业数字化转型提供了及时的支持。一是落实财政、税收、金融等政策来帮扶企业努力降低疫情影响，增强数字文旅企业的发展信心和后劲；二是把握产业发展新趋势、新需求，坚持正确导向，抓住 5G、超高清等新技术的发展机遇，加快推进供给侧结构性改革，大力培育新业态，鼓励创业创新；三是扩大优质数字文旅产品供给，加快释放新兴消费潜力，发展沉浸式体验型文旅消费，引导和培育网络消费、体验消费、智能消费等消费新热点、新模式；四是抓住数字经济发展机遇，加强新型基础设施建设，推动文化旅游与数字经济深度融合，促进文旅产业数字化、网络化、智能化发展，不断融入数字经济发展大格局。

3. 数字教育服务

我国教育现代化已经由普及基础教育迈向建设教育强国的新征程。在这一转折点上，中国教育信息化的进程已经从重视普及应用的第一阶段进入了重视融合创新的第二阶段，在我国教育信息化发展战略中，数字资源及服务一直是备受关注的要点内容之一。数字资源是信息时代教育发展的产物，它是经过数字化处理，在信息化环境下运用，为教学目的而专门设计且服务于教育教学的资源集合。应充分发挥我国教育资源集中和丰富的优势，推动在职数字教育和老年数字大学教育形成特色和品牌，同时面向全社会中小学生开设数字科普教育平台。在提升网络基础设施水平上，应充分利用现有的网络基础和国家公共通信资源，加强国家主干网、省（区、市）教育网和学校校园网的衔接，为全体师生和教育工作者提供"高速、便捷、绿色、安全"的网络服务；提升各级各类学校接入教育专网的带宽水平，实现中小学固定宽带网络万兆到县、千兆到校、百兆到班；同时，通过卫星电视、宽带网络和宽带卫星为薄弱学校和教学点输送优质资源，缩小区域、城乡、校际之间的差距，实现更加公平更有质量的教育。

4. 无人经济服务

鉴于疫情的反复，人员流动与接触在特定情况下仍有一定程度的受限，应积极探索无人经济发展以应对老龄化和少子化的发展趋势，大力发展无人经济，在服务机器人、无人驾驶汽车、无人超市、无人收费等领域开辟更多应用场景，形成更多凝聚智慧、体现特色和展现优势的无人经济发展模式。

（四）服务业数字化转型助力解决供需鸿沟

数字科技的应用使消费者的消费体验得以提升，并使消费品类大大增多。同时，地区间的消费不平等也逐步有所缓解，这使得部分此前由于信息不畅、交通不便等因素被抑制的消费需求得以释放。

1. 数字技术提升消费体验

传统的消费习惯中消费者购物时是被动接受货品的，这主要受制于商品贫瘠的选项和高度的同质化。消费者被动接受货品的时代已经结束，在互联网时代，商家更加直接地面对消费者的需求，用户无须在线下不断寻找心仪的商品，商家可以通过用户历史数据的积累，对已有数据进行建模分析，从而掌握消费者的需求，消弭供需两侧的鸿沟。另外，随着城市化进程的不断加快，越来越多的年轻人融入都市快节奏的生活中。网上购物的好处非常明显，一是免去了逛街购物之累，二是可选择的商品种类大大增多，三是可以进行全网比价，四是能享受快速送货上门的服务，可谓省心、省时、省力、省钱。

得益于数字技术的发展和应用，人们的消费体验迅速提升。一方面，数字技术让消费者个性化的消费需求得以满足。过去，商品在不同地区之间只有轻微的差异，主要取决于销量、气候和竞争强度等宏观因素。而现在，消费者已有非常大的选择空间，可以随意挑选一款提供特定功能、符合特定需求的产品。例如，手机外壳是否可以挂绳、奶粉罐的盖子是否方便打开等，都有可能影响购买决定。《2020 京东电脑数码新品消费趋势报告》指出，人们消费力的提升和对品质生活的向往，催生了各种全新的消费需求。从对 2019 年京东电脑数码品类用户消费评论的整理来看，越来越多的用户开始要求电脑数码新品"内外兼备"，沉浸感、人性化、高效率、高颜值成为当下用户对新品消费的主要诉求。借助大数据进行反向定制，可以最大限度地洞察并满足消费者的个性化需求。另一方面，数字技术可以支撑更多引爆消费需求的渠道和玩法。无论是从激发用户认同感、兴趣度出发的跨界联名、直播带货等玩法，还是切中用户痛点、抓住用户心理的免费试用、分期免息等手段，新的营销玩法层出不穷且屡获硕果。而这些玩法都离不开数字技术的发展和支撑。2018 年以来，直播带货逐渐成为新型的卖货渠道，给用户带来了物美价廉的商品，同时也给平台带来了巨大的流量。直播旨在通过不断升级的产品和技术能力，为商家提供新的营销工具和渠道，为平台营销提供新场景，为用户提供从"种草"到购买的消费新体验。

2. 数字技术促进消费公平

从线上数据来看，数字科技的普及大大提高了消费可获得性，同时也缩小了不同地区间的消费不平等，这一点对于偏远地区、内陆地区尤为明显。分区域来看，近年来，线上消费增长较快的地区主要集中在中部地区。此外，东北地区的辽宁、东部地区的山东，以及西部地区的西藏、青海、云南等地也都迎来了消费的快速增长。从不同城市的消费增长来看，消费下沉的趋势同样也能得到验证。从人均消费额增长来看，二线城市①增长最快，其次是二线以下城市，一线城市②增长最慢。概括而言，城市规模越小，线上消费增长越快。不仅如此，相对于 2017 年，

---

① 二线城市包括昆明、沈阳、济南、无锡、厦门、福州、温州、金华、哈尔滨、大连、贵阳、南宁、泉州、石家庄、长春、南昌、惠州、常州、嘉兴、徐州、南通、太原、保定、珠海、中山、兰州、临沂、潍坊、烟台、绍兴。

② 一线城市包括北京、上海、广州、深圳。

2018 年线上消费下沉的趋势进一步得以强化，并且二线以下城市的消费相对增长指数较 2017 年进一步攀升。消费不平等的缩小还可以从用户数据看出，以青年人群为例，2018 年青年人群线上消费同样表现出明显的下沉趋势：城市规模越小，青年人群用户数增长越快，其中 31 ~ 35 岁、28 ~ 30 岁、18 ~ 22 岁的用户增长更快，一线城市用户增长相对较慢。整体来看，线上消费的用户人群在进一步向二线以下城市快速渗透。

　　这里尤其值得一提的是农村电商的兴起。农村电商作为精准扶贫的重要抓手，对推动乡村振兴、促进农村产业升级、帮助农民脱贫增收起到了重要作用。近年来，农村地区网络零售规模不断扩大，2017 年全国农村网络零售额已经突破万亿元大关。随着越来越多的农民加入电子商务领域，全国多地涌现出各类特色"电商村"，这使村里的产品得以"走出去"，同时也帮助外面的产品"走进来"，数字科技正在有效弥合城乡间的"数字鸿沟"。数字科技深刻改变了农村的面貌和人们的思想观念。随着移动互联网的发展与技术水平的提升，各类智能设备已经深入广大农村地区，促进乡村振兴与消费升级。借助移动互联网及更多数字科技手段，电商、物流、全球化要素走向万物互联，在一定程度上弥补了二元隔阂，推动了城乡一体化发展。从物质到信息，"数字鸿沟"正越变越小。

　　技术层面，迎来了"数化万物"的时代，随着人工智能、大数据、云计算等数字科技手段的突破应用，科技手段能够更好地赋能包括农业在内的各行各业，加速信息技术传播，带动产业服务创新。在农村扶贫战略中，农村电商借助互联网渠道和数字化手段，"为农民赋智、为农产品赋值、为农业赋能"的重要作用得以凸显，在依托线上线下优势、打通农村电商的发展壁垒、帮助农产品上行和带动农民增收等方面展开丰富实践，并取得了相应成绩。

我国小店数量大、吸纳就业多，在经济中发挥着"毛细血管"的功能，发展小店经济不仅能带动就业，更能增强我国经济发展的活力和动力。2020年7月21日，习近平总书记在企业家座谈会上强调，"高度重视支持个体工商户发展，积极帮助个体工商户解决租金、税费、社保、融资等方面难题，提供更直接更有效的政策帮扶"①。商务部等部门在2020年7月联合印发了《关于开展小店经济推进行动的通知》，通过组织全国试点、地方广泛参与，促进小店经济健康繁荣发展，并鼓励旅游景点、特色街区的小店以异域风情、地方特色、历史文化等新奇体验留住国内外游客，增强美食街、酒吧街、茶叶街、文创街等街区的"烟火气"。

扶持举措"给力"，小店也是自强不息，面对客流量减少的困难，店主们挖掘小店服务灵活、规模小的特点，发展一店多能，开通了收寄快递、洗衣、维修等多项便民服务，打造针对特殊人群、地方特色的差异化经营，通过外卖、直播带货、做社区团购团长等方式营生。种种尝试给了小店店主们战胜疫情的信心，也温暖了人间"烟火气"。美团数据显示，2020年2月，小店营业额曾出现"断崖式"下跌，但从3月起就逐步恢复，同年第三季度美团平台上新增小店近30万家，9月、10月服务业小店的消费复苏率更是分别达到了107%和104%，均已超越往年的水平。②

数字化的价值促进了小店经济的繁荣，这也让数字企业肩负着更大的责任。数字化平台要推动整合信息、产品、渠道、流量、集聚区等小店商业资源，在市场、深耕专业上下功夫，形成数字化、非营利性、服务本地的商联体平台，以开放、共享理念拓展综合服务功能，为小店经

---

① 习近平主持召开企业家座谈会并发表重要讲话［EB/OL］. 中国政府网，2020 − 7 − 21.

② 美团研究院. 从数字生活到数字社会——美团年度观察2020［M］. 北京：中国发展出版社，2020.

济发展提供赋能和支撑。而为了落实扶持政策，进一步加速小店转型，各大互联网企业纷纷推出帮扶举措。2020 年上半年，腾讯、美团、京东等企业推出了包括"全国小店烟火计划""春风行动百万小店计划""星星之火计划"等举措，帮助小店商家提升数字化经营能力。其中，"春风行动百万小店计划"采取线上化运营，提供优惠贷款、供应链服务、针对性培训等六大举措支持小店经济。例如，推出小店"极速上线"通道，让符合条件的小店商家最快 3 小时完成从申请到平台开店流程，还与地方政府联合推出消费券，通过引流为小店增收。

（五）数字化助力服务业开新局

在常态化疫情防控条件下，着力补齐新型消费短板、以新业态新模式引领加快新型消费发展成为我国发展建设重要目标。2020 年 9 月发布的《国务院办公厅关于以新业态新模式引领新型消费加快发展的意见》指出，要创新无接触式消费模式，探索发展智慧超市、智慧商店、智慧餐厅等新零售业态。如今，相关产业链已经逐渐完善，据第一财经报道，国内餐饮机器人的销量近两年在迅速增长，此生产企业年度产量达到 1.5 万~4 万台。此外，美团、京东等服务业企业不断拓宽无人设备的类型。例如，美团推出的无人配送车自 2020 年落地北京顺义区，获得当地政府大力支持，截至目前已围绕顺义区 20 个社区及周边路线持续配送超过一年，累计订单数超过 3 万单，基本实现区域常态化运行。

从饭店直播带货到酒店景区无接触服务，疫情在一定程度上加速了实体经济与数字技术的融合，这种融合不只深刻影响着生活服务业商家的经营思路，也在改变着商家的经营方式，并加速新业态的完善。疫情期间一些思路灵活适应性强的酒店已经启用智能机器人实现无接触式服务，部分酒店甚至在办理入住、退房、客房服务等各个场景均采用数字化智能设备，在提升客户体验的同时，也可根据客人的消费喜好对酒店日后的运营管理及营销策略提供更加精准的参考。这种敢于求变的精神让酒店业逐步复苏，史密斯旅游研究（Smith Travel Research, STR）的数据显示，自 2020 年 8 月以来，中国酒店平均入住率接近 70%。而在国庆黄金周期间，这一数字一度达到 83%，几乎与疫情发生前持平。[①] 2020 年 4 月，故宫博物院开放了一场特殊的"云游"，这次直播也为故宫思考如何利用大智移云新技术将国宝之美推送至千家万户提供了新的思路。同时，在疫情防控期间，包括故宫在内的上千家博物馆还推行了网络预约、分时预约，并实施瞬时最大限流30%，有效降低了游客聚集所带来的疫情隐患。此外，一些景区还借助数字化手段打造更全面、更特色化的服务，如上海东方明珠就与美团共同打造了景区会员旗舰店，游客购买门票并完成现场消费后即可获得一定积分，相应的积分也将同步更新至景区官方商城，这种线上线下会员打通的方式弥补了过去东方明珠复购少、营收模式单一的不足，进一步带动二次消费。

（六）服务业数字化转型价值分析

1. 消费在分层中升级的趋势日益显著

（1）新品成为引领消费趋势的排头兵。京东大数据显示，2020 年电脑数码头部新品数量近 5 万种，各品类新品数量平均同比增速超25%。其中，更新迭代速度快的游戏版本类新品的销售贡献率最为突出。由于新品备受追逐，产品推新也成为头部品牌提振品牌优势、获取新粉丝的必争之地。

---

① 港媒. 中国酒店一枝独秀［EB/OL］. 环球网，2020 – 11 – 18.

（2）"90后""00后"的数字消费习惯逐渐养成。京东大数据显示，2017～2019年，30岁以下年轻消费群体的占比增长最为惊人。这类人群购买的倾向性新品品类包括电脑、手机和电器类，他们的需求和反馈也反向推动厂商设计生产更智能、高端、绿色、跨界的产品。

（3）低学历、老年人群渐次加入"数字俱乐部"。驱动增长的消费人群逐渐出现向低学历倾斜的趋势。京东大数据显示，在购买手机类新品的用户群中，高中（中专）及以下学历人群占比提升56%，成为增长最显著的人群之一，手机也已超越电脑成为接入互联网的最佳选择。这可能是因为专本学历以上人群最早接触高科技产品，目前其对3C产品（计算机类、通信类和消费类电子产品）的需求已趋于饱和，而逐渐转向环保升级和精神追求。3C产品的消费下探意义重大。

（4）中老年消费者也正在接轨数字化消费。对比近三年来的手机消费，可以发现中老年消费者并不满足于"直板功能机"，而是同样寻求"互联网接入口"，甚至需要更多功能。以京东在2021年初上市的中兴Blade 2021 5G时光机为例，这款手机具备最高2400万像素的后置三摄、64～128G内存、6.5寸屏幕、5000毫安时电池等硬件，并不太逊色于主流手机，软件上则配置了体检套餐、一年在线问诊、亲情小时光功能等来契合老年人的需求。这款智能手机上市3个月内，128G版本的销量是性价比版本（64G）的3.2倍，说明中老年消费者的购买行为正在发生根本性变化。

2. 不同群体的消费趋势分析

目前，青年群体的消费呈现出以下几个特点：小镇青年消费异军突起，越来越愿意为美付费，单身经济蓬勃发展，品质需求日益提高。此外，消费逐渐由高线级城市向低线级城市传导的趋势愈发明显。《京东"异地订单"大数据报告》指出，从高线级城市向低线级城市发送的异地订单具有非常鲜明的指导性和示范性，不仅在商品质量、用户体验上引领消费理念，更在能效、环保、绿色等方面带动低线级城市的市场更快升级换代。[①] 加之平台电商品类丰富、物流下沉等因素的保障与推动，低线级城市的用户自身购买的商品品质、档次也在逐年提高，其中就包括功能更强大、颜值更新潮但价格也较高的新品。

我国经济在发展，消费者在追求品质经济的路上从未止步。如何满足"人民日益增长的美好生活需要"是摆在企业、学者和社会面前的现实问题，也是数字科技以及相关企业可有所作为之处。消费数据表现出的种种特征启示我们，人口老龄化和生育意愿的下降，并不必然意味着消费需求的疲软。相反，新的消费"蓝海"会渐次出现，新的商业业态会孕育而生。但要捕捉住这些迹象，则要求企业对消费需求有更深入的了解。我国经济在发展，人们在追求生活品质的道路上从未止步，数字科技将见证并助力我国消费的升级。

从性别角度来看，男性和女性在消费特点上表现出明显差异。整体而言，男性用户消费呈现价高的特点，女性用户消费呈现量大的特点。而对于每次下单消费，女性用户线上消费有"超市购物"的特点，倾向于一次购买更多的商品，而男性用户则是消费目标明确，每次消费的金额更高。此外，不论城市规模大小，男性用户的人均消费额均高于女性用户，这与其线上消费的品类差异有关。从人均消费额增速来看，除二线城市外，其余规模城市地区男性均具有比女性更强劲的消费增长动能。

从不同的城市地区来看，小镇青年群体正在成为线上消费的新增长动力。一是从青年人群整体消费总额来看，城市规模越小，青年人群线

① 跨越鸿沟：2020京东新品及C2M报告［EB/OL］. 京东消费及产业发展研究院网，2020－5－11.

上消费额增长越快，其中 18～22 岁和 31～35 岁群体的表现尤为明显；二是从青年人群的人均消费额增长来看，2018 年，人均消费增长最为亮眼的是二线城市的青年人群。在工资水平较高，而房贷压力、生活成本不及一线城市的情况下，二线城市的青年人群的消费更为洒脱。不同规模城市间，刚上大学放飞自我并且没有较大生活压力的 18～22 岁年轻人的消费增长最快。

除此之外，青年人群的消费特征还有以下几点：一是越来越愿意为美付费，特别是更年轻的青年人群，对美妆个护、钟表、珠宝首饰等产品的消费需求明显上升，爱美年轻化趋势愈加明显；二是单身经济蓬勃发展，23～27 岁、28～30 岁人群对母婴产品的消费偏好明显下降，表明年轻人群生育意愿在下降，同时，23～27 岁人群对宠物相关产品的消费需求正在快速提高；三是品质需求日益提高，如 18～22 岁人群对电脑、手机的品质需求较高且仍在上升，越来越舍得在电脑、手机上花更多钱，23～27 岁人群不仅对美妆个护产品的消费需求显著上升，对其品质要求也在明显提高。

一二线城市的青年人群更注重个人品质消费。从品类偏好上看，一线城市青年人群更偏好 3C、食品、宠物、生鲜等消费，相对而言更侧重于个人消费。在 18～22 岁、23～27 岁的更年轻的群体中，一二线城市的人群更热衷于消费手机、数码产品、宠物相关产品等。在消费品质上，一二线城市的 18～22 岁、23～27 岁人群，更注重美妆个护、钟表、珠宝首饰等产品的消费品质。一线城市的 28～30 岁人群，更注重钟表、珠宝首饰等产品的消费品质。

四五线城市的人群更注重家庭务实消费。从整体上看，城市规模越小的人群则更偏好服饰、鞋靴、汽车用品、家具、家电等消费，相对来说更注重家庭消费。从 18～22 岁、23～27 岁这两个更年轻的群体来看，二线以下城市人群更喜欢消费服饰、鞋靴、运动户外等产品。在消费品质上，二线以下城市的 18~22 岁、23~27 岁人群，更注重电脑办公等产品的品质。此外，二线以下城市的 28~30 岁人群，更注重生活产品的品质。就整体消费品质需求而言，大城市年轻人群更重装饰，小城市年轻人群更加务实。

第六章 存量市场孕育数字化服务新生态

6

2021 年，"乘风破浪"成为我国互联网语境中的一大热词。不难理解，"风"即风口，"浪"即趋势，找准"风浪"才能事半功倍、无往不至。我国的互联网市场曾作为巨大的增量市场，在人口红利和线上流量红利的"前浪"助推下，经历了从无到有、从小到大的规模飞速跃进过程。当前，我国庞大的人口基数已基本转化为线上用户，整体市场份额已趋于稳定，争夺用户时间、创新用户体验、提升用户满意度的竞争更趋激烈，数字科技即助力企业在竞争中胜出的关键"后浪"。一方面，部分典型的用户需求场景尚未充分线上化、数字化、智能化，仍有深化"以用户为中心"的转型、促进线下服务向线上迁移的巨大空间。另一方面，企业成为数字化变革需求主体，其在用户服务和自身经营上的数字化产品和服务改造需求，为数字科技深度嵌入实体经济和传统产业提供了重要契机。疫情之下，数字科技在各个行业领域加速落地，尤其呈现出数字化服务新业态蓬勃向上的朵朵浪花。

一、产业数字化进程按下快进键

2020 年以来，我国互联网和数字科技行业加速步入下半场。在上半场的市场竞争中，获客是本、流量为王，在某一个领域取得的规模优势，往往可以快速复制和见效于其他领域，从而在多个领域形成寡头竞争的固化局面。在进入下半场后，一方面，线上用户规模已日趋见顶，市场获客成本不断抬升，传统的跑马圈地模式已难以为继；另一方面，数字科技前沿技术走向大规模的商业应用，成为新经济业态崛起、传统产业升级改造的关键驱动力，正在重塑更加广阔的产业发展与竞争格局。在从消费互联网迈向产业互联网的转型过程中，数字科技的重要作用不断凸显，不仅成为疫情特殊时期的有力抗疫工具，更为后疫情时期 C 端和 B 端服务全面升级提供了难以替代的重要作用。

（一）新一轮数字科技革命已经到来

当前，数据作为人类社会的"新石油"，正在催生全球新一轮科技革命，成为后金融危机时代经济增长与技术创新的重要引擎。在数据来源上，其深度与广度不断扩展，海量、实时、多维、非结构化的大数据构建了更完整的数据集市。在数据算法上，机器学习与模型趋于结合，使个性化的需求满足成为可能。人工智能、区块链、云计算、大数据等核心技术与 5G、物联网等前沿热点，广泛应用于农牧业、制造业、服务业及社会管理的各个行业场景，加速推动市场主体与管理机构降本增效，助力传统企业经营管理模式轻型化变革。全球数字经济蓬勃发展，在国民经济中日益占据核心地位。2020 年，全球 47 个国家数字经济总规模超过 32.6 万亿美元，占 GDP 比重高达 40.3%。其中，美国蝉联全球第一，达到 13.6 万亿美元；中国保持第二大数字经济体的地位，规模达到 5.4 万亿美元。① 数字经济有利于驱动我国经济转型升级，突破

---

① 中国信息通信研究院. 全球数字经济白皮书——疫情冲击下的复苏新曙光 [EB/OL]. 中国信通院网，2021 – 08.

制造业大而不强的发展"瓶颈";有利于带动我国经济,提升科技含量,增强自主创新能力;有利于启动第四次工业革命,培育数字经济新增长点。发展数字经济,已成为全球各国打造经济发展新高地、应对国际激烈竞争、抢抓战略制高点的重要手段。

随着数字科技新一代技术与实体经济的深度融合,我国数字经济快速崛起,成为经济发展的重要产业基础。根据中国信息通信研究院发布的《中国数字经济发展与就业白皮书(2021)》,2020年我国数字经济占据GDP的34.8%,对GDP增长贡献率超过2/3。2018~2020年,我国数字经济规模由2018年的31.3万亿元,发展到2020年的39.2万亿元,年均增速约为13%,均高于同期GDP名义增速。[1] 同时,数字经济吸纳就业能力显著提升,2018年我国数字经济领域就业岗位达到1.91亿个,占当年总就业人数的24.6%,同比增长11.5%,高于同期全国总就业规模增速。[2] 以上数据充分说明,数字经济为增长动能新旧转换提供了重要支撑,为我国经济高质量发展注入了不竭动力。

(二) 数字科技与数字经济在我国被赋予新的战略高度

党的十九届四中全会通过的《中共中央关于坚持和完善中国特色社会主义制度、推进国家治理体系和治理能力现代化若干重大问题的决定》与2020年3月国务院出台的《中共中央 国务院关于构建更加完善的要素市场化配置体制机制的意见》,明确将数据列为与劳动、资本、土地、知识、技术、管理并列的生产要素,为我国经济数字化转型与数字科技发展提供良好机遇。需要指出的是,我国的数字经济虽然起步较

---

[1] 中国信息通信研究院. 中国数字经济发展白皮书(2021年)[EB/OL]. 中国信通院官网, 2021-04.

[2] 中国信息通信研究院. 中国数字经济发展与就业白皮书(2019)[EB/OL]. 中国信通院官网, 2019-04.

晚，但行业领域布局积极、政策环境开放友好，有利于从顶层设计推动传统产业数字化和数字产业化，努力实现在数字经济这一新赛道上与发达国家并跑。2018 年 9 月，国家发展改革委发布《关于发展数字经济稳定并扩大就业的指导意见》，明确提出推动数字产业发展壮大，促进传统产业数字化转型，并指出到 2025 年，国民数字素养应达到发达国家平均水平，数字人才规模稳步扩大，数字经济领域成为吸纳就业的重要渠道，从而在战略层面为我国数字经济的进一步发展指明方向。

二、数字科技在疫情期间和疫情之后的巨大贡献

2020 年突如其来的新冠疫情快速蔓延，对我国经济社会造成了巨大的短期冲击。但在此次抗疫过程中，数字科技展现出强大的战斗力，无人机、智能机器人等越来越多的"高科技"加入抗疫大军，不断地注入硬核力量。大数据分析支撑服务疫情态势研判、疫情防控部署及对流动人员的疫情监测、精准施策，提前锁定潜在传染源、汇集复工企业的务工人员流动情况和健康状况等信息，动态优化企业和社会资源配置。一些 5G 应用因疫情暴发加快落地，"5G + 红外测温""5G + 送货机器人""5G + 清洁机器人"等快速服务于疫情防控，5G 网络无人车在武汉当地街道喷洒消毒液、配送物资、配药流动等方面发挥作用。人工智能全面渗入分子诊断、流行病史追踪、新药研发及远程诊疗各个环节，帮助医疗机构优化诊疗效果，降低病毒的传播风险。区块链在政务、医疗、金融、零售行业实践中提供有效技术支撑，特别是促进公益慈善更加透明，凭借信息公开、不可篡改等特性，确保慈善组织的财务数据真实、可靠，解决当前因信息披露不足和不规范而导致的社会信任问题。

数字经济在此次抗疫过程中展现出强大的柔韧性和巨大的发展潜力,有效保障居民生活、支撑疫情防控和加快复工复产。同时,疫情也让越来越多的企业认识到过去以线下渠道为主的经营模式存在诸多局限性,进而更加重视强化线上化、数字化服务能力。疫情持续较长时间,直接带动了在线娱乐、教育、远程办公、远程医疗及生鲜电商等新业态新模式的发展,促使数字经济市场更趋活跃。随着疫情逐步解除,经济社会生产恢复正常,教育、医疗、办公等庞大的在线化市场需求会持续激发,有望诞生超级应用,这也为相关领域的数字科技创新带来重大机遇。

数字科技在此次疫情中突出的赋能价值,得到政府机构和决策者的高度关注。2020 年 2 月 14 日,习近平总书记在主持召开中央全面深化改革委员会第十二次会议时强调:要鼓励运用大数据、人工智能、云计算等数字技术,在疫情监测分析、病毒溯源、防控救治、资源调配等方面更好发挥支撑作用。[①] 2020 年 2 月,工业和信息化部办公厅发布《关于运用新一代信息技术支撑服务疫情防控和复工复产工作的通知》,进一步强调充分运用大数据、人工智能、区块链、5G 等数字技术,支撑服务疫情防控和加快复工复产工作。在政策支持、市场需求的驱动下,数字科技在支撑经济复苏、扶持中小企业发展方面起到关键作用。

后疫情时代,新型基础设施建设成为热词,多次出现在决策层部署中。新基建以数字经济基础设施为依托,利用数字科技,赋能传统行业数字化改造,为我国经济的转型升级注入强大动力。应当看到,5G、工业互联网、人工智能、物联网等虽已起步,但要形成普遍化应用并带动产业数字化转型,还需要基础设施的进一步完善部署。与此同时,新基

---

① 习近平主持召开中央全面深化改革委员会第十二次会议强调:完善重大疫情防控体制 健全国家公共卫生应急管理体系 [EB/OL]. 中国政府网,2020 – 02 – 14.

建还能激发包括数字零售、智能城市、智能物流、远程医疗等新兴产业发育，刺激新的消费需求与行业创新实践。在新基建过程中，需要在政策层面加强顶层设计、放宽市场准入，在资金层面鼓励、引导民间资本更多地参与其中，形成多元化投融资体系，在技术层面支持数字科技企业深度参与，探索推动投、建、营一体化模式，挖掘数字科技应用的更高效能。

应当看到，数字科技已经成为抗击疫情和疫后重建的重要手段及工具，其在各个行业的广泛应用，特别是推动产业数字化快速发展，将成为推动我国经济回升和反弹的关键引擎。传统行业在新冠疫情的冲击下，既有短期之危，又有长期之机，亟待数字经济和数字科技企业凝聚核心优势，在广度上以客户为中心延展多元服务场景，在深度上以数字化为主轴做好能力输出，在开放生态整合共建过程中发挥更加积极的赋能作用。

三、直播电商新模式激活存量消费市场

直播电商作为近年来最夺目的风口业态，已经成为更多年轻消费者的宠儿。2020 年，我国社会消费品零售总额已超 40 万亿元，连续多年保持在 8% 左右或更高水平。在我国经济逐步降速的过程中，有关"消费升级"与"消费降级"的争论不断涌现，如何扩大内需、有效激发市场潜力、促成居民消费在更高水平上的供需平衡，日益成为全行业和全社会的关注焦点。疫情之下，线下消费场景急剧萎缩，客观上为消费行为线上迁移、跨界融合创造了特殊契机，也直接带动了直播电商业态的风生水起。可以肯定的是，直播电商出现后，用户的购物体验更加丰富了，这有助于激活被隐藏、被压抑的实体消费存量需求，更好地发挥消费作为后疫情时代经济缓冲器的重要作用。

（一）居民消费市场的短期冲击[①]

2020 年第一季度，受新冠疫情影响，我国 GDP 同比下滑 6.8%，为 1992 年采用国民账户核算体系以来的首次负增长。从月度数据看，为防控疫情而主动暂停经济活动，2020 年 1~2 月的多数经济数据创历史最低，其中全国规模以上工业增加值同比下降 13.5%，服务业生产指数同比下降 13.0%。

作为促进 GDP 增长的"三驾马车"之一，消费受疫情冲击明显。2020 年第一季度，社会消费品零售总额为 7.86 万亿元，同比下降 19.0%，餐饮零售、旅游出行、社交娱乐等线下服务场景急剧萎缩，居民消费信心亟待重建。值得注意的是，2020 年 3 月以来，随着国内疫情防控形势好转，海外疫情扩散、出口需求下降使外需越来越成为影响我国经济回暖的因素，而相比之下消费端受海外疫情的影响较弱，扩大内需将有助于抵御外需下滑，对冲疫情带来的负面影响。

根据国家统计局发布的数据，2020 年我国社会消费品零售总额已增至 41.2 万亿元，消费对经济增长的贡献率达到 57.8%，拉动 GDP 增长 3.5 个百分点，连续六年成为我国经济增长第一拉动力。2020 年 3 月社会消费品零售总额为 26450 亿元，增速同比下滑 -15.8%，但较 1~2 月回升 4.7 个百分点。从限额以上商品零售情况看，疫情发生后粮油食品、饮料、日用品等必选品类均为正增长，中西药品需求强烈，同比增长 8%；可选品类中，文化办公用品、通信器材同比增长 6.1%、6.5%，与企业复工、学生线上复学因而对办公用品和线上视频设备需求增加有

① 国家统计局. 统筹疫情防控和经济社会发展成效显著 3 月份主要经济指标降幅明显收窄 [EB/OL]. 中国政府网，2020 – 04 – 17.

关。扩大消费、做强现有存量是疫情后提振经济的有力抓手，派发消费券正成为经济刺激政策的选项之一，对稳消费、稳经济能起到重要作用。

受新冠疫情的影响，线下零售、餐饮住宿、旅游文化等接触性、聚集性消费场景遭受剧烈冲击，餐饮行业收入增速接近腰斩。根据国家统计局发布的数据，2020 年第一季度，餐饮行业收入为 6026 亿元，同比下降 44.3%，奢侈品、汽车、地产相关消费也持续偏弱，住宿和餐饮业、批发和零售业、运输仓储和邮政业增加值同比分别下降 35.3%、17.8%、14.0%。疫情期间，大量消费行为加速线上化迁移，全国实物商品网上零售额第一季度同比增长 5.9%，占社会消费品零售总额比重达 23.6%，同比提高 5.4 个百分点，成为推动新型消费逆势增长的重要驱动力。同时，疫情倒逼大数据、人工智能、5G、区块链等新技术加速落地，刺激无接触零售、智能化服务等新兴业态创新发展，驱动我国新一轮产业数字化变革，为后疫情时代我国经济破茧重生、求新谋变创造积极条件。

（二）直播电商改变传统消费业态

疫情之下，部分传统零售行业加快数字化转型和线上线下整合发展，线上消费和营销急剧扩张，直播电商异军突起，正深刻改变消费模式和消费业态。直播电商既能帮助零售企业积聚用户、扩大影响，也能直接创造营收，缓解企业流动资金压力。越来越多的企业开拓线上渠道、引流卖货，各大品牌的 CEO（首席执行官）或代表人物纷纷进入直播间，开启线上推广模式。

直播电商的崛起与互联网流量红利逐渐消退、短视频平台迅速崛起、大众娱乐消费多元化等社会背景密切相关。2016 年 3 月，蘑菇街开通直播频道，之后京东、淘宝和苏宁易购等主流电商平台也纷纷加入直播行列。2017 年，苏宁易购上线直播功能，快手开启直播带货模式；2018 年，京东时尚在"京星机会"中推动直播带货，当年年底抖音购物车功能申请开放；2019 年，拼多多、腾讯看点等也试水直播带货。目前，直播电商已被各大平台纳入重要战略。

（三）直播电商主流模式和价值传导路径

从 2016 年兴起，到 2017 年走向精细化运作，再到 2018 年、2019 年头部平台纷纷布局，直播电商产业链上中下游已较为成熟，并逐渐走向规范发展的新阶段。从上下游看，直播电商产业链包括上游商家、厂家、批发商，中游 MCN（多频道网络）机构、主播（明星、KOL、带货达人、导购）、直播场景（电商平台、直播平台、社交平台、短视频平台），以及广大的下游消费者（C 端和 B 端消费者）。按场景，可划分为"电商 + 直播带货"（京东、淘宝、拼多多、苏宁易购、考拉海购等）、"视频平台 + 直播带货"（抖音、花椒、虎牙、斗鱼等）、"社交平台 + 直播带货"（快手、微信小程序直播、小红书等）；按运营模式，可划分为"电商平台 + 直播"和"内容平台 + 直播"等不同模式，覆盖主体极为广泛，市场业态更趋丰富（见表 6 - 1）。

表 6 - 1　　　　　　　　跨界电商公司

社交平台	内容平台	垂直平台
微信	百度百家	小红书
微博	抖音	蘑菇街
Twitter	TikTok	Keep
Facebook	YouTube	Quora

（1）"电商平台 + 直播"模式是指上游品牌商入驻电商直播平台

（品牌商可采用商家直播方式直接接触消费者，也可通过与入驻电商直播平台的 MCN 机构合作），MCN 机构签约孵化主播，主播借助电商直播平台实现内容输出，并吸引消费者关注和推荐产品，最后达成交易。这一模式的主要特点包括主播带货、以日常消费品为主、品类垂直、交易成本低和便捷性强等。

以京东为例，京东商城自 2018 年启动"电商平台 + 直播"模式。2019 年，京东"双十一"直播的交易额较半年前的"618"大促时暴涨 38 倍。2020 年，京东开放全平台的数据资源和能力，帮助商家和达人精准匹配用户，并且让直播的每一个环节都做到数据化。在产品技术赋能上，京东从基础体验、产品功能和互动营销工具三个方面努力，同时在 5G 条件下，AR、VR 等新技术打造的各种应用和虚拟形象也为直播加持。与其他平台相比，京东自营模式使京东与供应链、商家的合作关系更为紧密，平台和商家可以合力将直播业务打造为京东的核心优势项目。同时，京东商品在消费者心目中的高品质，促使观看直播的用户放心购买，大幅缩短直播带货成交路径，再加上京东物流和客服的传统优势，也对优化用户直播购物体验产生助益。

（2）"内容平台 + 直播"模式是指品牌商与 MCN 机构合作，MCN 机构入驻内容平台、孵化签约主播，主播通过内容平台进行内容输出，吸引消费者关注和推荐产品，内容平台进行流量分发，引流至电商平台成交或直接引流至消费者，最终达成交易。这一模式的主要特点是网红带货、内容性和互动性强、数据掌控度较低等。

例如，抖音更强调内容生产，平台定位为孵化网红、主播进行娱乐或带货，其流量来源于平台的公域流量，其中"美妆 + 服装百货"占比较高。以早期短视频平台的快速成长为基础，抖音发展直播带货时已经积累了巨大的用户体量，可不停地探索迭代新的商业模式。2019 年，抖音公开宣布与京东等平台合作，支持"红人"带货，并同期推出小程序电商。除抖音外，还有许多平台跨界进军电商领域。

　　需要指出的是，疫情将直播电商推向潮流风口，从小众人群走向社会大众，使其成为疫情期间连接云复工企业和宅家抗疫消费者的桥梁。根据第三方机构艾瑞咨询的统计，2020 年春节期间，企业直播行业客户量同比增长 8～10 倍。京东在疫情中通过京源助农直播、产业带探厂直播等活动助力商家复工复产，激发消费者消费意愿，同时通过平台优惠政策引导商家入驻。疫情初期，京东直播发起了京源助农项目，通过直播帮助各地农产品上行到线上，解决滞销问题，为近亿吨农产品解困。此外，京东直播对商家和机构推出了一系列的扶持政策，如对已开播商家推出平台折扣点最低降至 1% 的全品类降扣政策，对新开播商家给予 45 天公域流量扶持的流量护航政策，以及对消费者发放多品类优惠券和京豆补贴等，全面促进直播电商流量聚集和消费活跃。

　　对合作机构而言，打通用户需求场景不仅意味着拓展更多流量来源，也可以为更加全面地洞察用户需求、挖掘营销机会创造有利条件。例如，用户在消费支付、美食观影、筹划婚庆、聚会和旅行，以及看房、看车、看资讯时，都可能产生金融等衍生服务需求。在开放平台条件下，通过融入用户的碎片化时间、全场景需求，可以帮助合作机构获取更多具有真实需求、资质更优、风险水平更可控的用户。对平台提供方而言，建设开放平台有助于破解自身用户增长天花板，将原先经营不足、覆盖有限的各个垂直场景流量充分聚合，带动生态内的整体用户增长和活跃。再如，除平台方原有的主营业务外，资讯场景下的搜索引擎、门户网站，社交场景下的即时通信、网游，消费场景下的电商、商超，经营场景下的财税结算、物流、交易平台，以及其他政府和社会公益组织、金融服务网点等，都可以连接进入开放平台，在实现用户需求与合作机构产品和服务供给更好匹配的同时，还可以扩大流量入口，提升用户对平台品牌的认知和行为黏性，从而延展服务半径，在更广泛的行业领域积累竞争优势。

平台提供方可通过以下几个维度，对标和自评在横向协同能力上的表现。第一，在拟拓展方向上能否复用自身已经具备的能力。包括是否可以直接应用成熟产品作为工具性抓手，是否可以组合现有能力模块，并进行跨场景和跨行业输出，以及是否可以从第三方获取尚不具备资源、能力的有效支持。第二，拟拓展的新业务与原有优势业务是否具有较高的协同性。包括新业务能否为原有客群提供附加价值、是不是原有客群应用场景的自然延伸、新老业务的目标人群在标签特征上是否具有较高重合度、是否具有强社交关系，以及新业务能否丰富市场反馈、反哺原有业务的能力能否提升。第三，拟拓展的新业务能否为自身提供较好的市场机会。包括新业务是不是原有业务形态的替代性解决方案、新业务是否具有足够大的市场整体空间并呈现向上发展趋势、新业务是否尚未形成已有玩家的充分垄断（即新的玩家仍有进入机会），以及平台在新业务的拓展过程中能否不断吸引新参与方加入。

作为数字经济的一部分，直播电商不仅能发挥网上购物的作用，还兼具在线社交、在线娱乐的功能，从一定程度上激发了消费活力，推动了网络购物的发展，加快了线上和线下的融合进程。2019年，中国互联网络信息中心发布的第44次《中国互联网络发展状况统计报告》指出，下沉市场、跨境电商、模式创新为网络购物市场提供了新的增长动能。其中，在模式创新方面，直播带货、社区零售等新模式蓬勃发展，成为网络消费增长的新亮点。

回顾历史，2003年"非典"过后，以电商等为代表的消费互联网迎来空前繁荣，在线支付、物流配送等行业实现跨越式发展。此次席卷全球的新冠疫情，间接催动产业数字化兴起，倒逼传统企业数字化转型。以直播电商领域为例，伴随5G标准规范的落地，以及AI、VR、AR等技术逐渐成熟，线上购物场景和实体体验的不足将被有效弥补，线上购物体验将更加丰富，从而推动线上线下深度融合，最终走向无界零售。作为网络销售的新兴消费业态，直播电商不断释放消费潜力，激活被隐藏、压抑的实体消费存量需求，更好地发挥消费作为后疫情时代经济缓冲器的重要作用。

四、疫情倒逼企业数字化转型

疫情发生后，越来越多的人体验了在家中远程办公、远程参会的感觉，事实上，一场突如其来的疫情，让数以亿计的中国人切身感受到企业数字化转型的必要性、可能性。当然，企业数字化转型不仅包含远程办公，还包括应用各项数字科技的新产品、新服务，提升生产经营效率和用户服务能力。疫情期间，企业数字化经营管理需求凸显，数字科技成果加速落地，市场规模呈现井喷式增长。可以预见，在日趋多元化的市场主体需求激励下，远程办公及其衍生的企业服务市场成长空间广阔，这一市场将是互联网和数字科技企业求新谋变、布局数字化服务生态的重要蓝海，为实体经济，特别是各传统行业领域的产业数字化发展提供强大科技支撑。伴随着直播电商的发展，2016～2020 年全国网上零售额逐年增长，2020 年增至 117601 亿元。

（一）企业数字化转型的行业背景

事实上，企业对于服务的需求并不仅仅是在特殊时期，数字化、网络化、智能化的转型早已体现在近年来的企业行动与相关政策中。从国际经验看，作为制造业强国的德国，有"两个 70%"：一是服务业占 GDP 的 70%；二是生产性服务业占服务业比重的 70%。相比之下，我国生产性服务业占服务业的比重仅有40%多。当前，数字化技术的快速发展，正在让服务变得更智能、更具预见性与规范性，其重要性正在越来越多的企业业务中得到体现。在工业企业、建筑楼宇、电力基础设施等领域，为了保持产品、设备和资产的安全、稳定及高效运转，以及推动企业的数字化转型升级，咨询服务、运营维护、数字化服务等多样化服务的市场需求都在不断扩大。

2020年11月，国家发展改革委等15部门联合印发《关于推动先进制造业和现代服务业深度融合发展的实施意见》，我国诞生了先进制造业和现代服务业"两业融合"的实施意见。在一些经济学家眼中，制造业转型升级的关键性指标即"以服务业市场开放扩大生产性服务业供给"。从"黑灯工厂"到"无人车间"，以自动化、无人化、智慧化为导向的管理平台，正在成为企业管控生产经营全流程的理想工具，也是企业降低业务成本和人员密度、改进产品和服务数字化水平的目标方向之一。

新冠疫情在给各传统产业带来强烈冲击的同时，也为众多以数字化为特征的经济新业态创造了特殊的发展契机。疫情防控期间，线下场景需求疲软、供给阻断，包括大消费、大健康、大娱乐等在内的大量线下活动迁移至线上，以生鲜电商、在线教育、远程办公等为代表的线上"宅经济"加速发展。需要指出的是，由于疫情持续时间较长，对企业服务需求集中释放，构成维持企业经营与社会运转的重要支持条件。为助力社会治理数字化发展，数字科技企业搭建的"防控技术支持体系"集合了"高危人群疫情态势感知系统""社区疫情智能管控平台"等智能防疫产品，为抗疫医疗机构、社区工作者和有复产复工需求的企业管理人员提供了有效的技术支持。

京东数科自主研发的智能客服，基于生成式对抗网络（GAN）、迁移学习算法实现常见问题解答（FAQ）生成技术，可以让AI自动生成相似问法来加强模型，正确率达80%以上，能大大减少运营人员的工作量、提升工作效率，同时增加应答模型准确率。需要指出的是，这一智能客服情感分级较细腻，可以根据客户的情绪（文字交互通过敏感词、语音交互通过语速音量及敏感词等识别）实时感知用户的情绪。一方面，当用户不满时能够给出安抚对话；另一方面，也便于及时将不满的用户转移到人工服务。

基于智能客服的基础能力，京东数科在疫情期间有针对性地推出了疫情问询机器人，接入陕西省榆林市信用办、联通集团、四川中小企业公共服务平台、什邡医院等约 60 家政府和企事业单位，提供疫情监控、知识普及、送药等服务，实现 7×24 小时在线陪伴，保证各地方安全有序复工复产。此外，疫情问询机器人还能以分诊 H5 的形式接入医院App 或微信小程序中，通过人机高效的交互帮助医疗服务机构减轻初诊压力。目前，由京东数科推出的这款疫情问询机器人，已在中银消费金融、顺德农村商业银行、广西农村信用社等近 20 家机构的微信公众号或 App 中接入使用，也在京东传媒旗下的"社区惠生活"等多个智慧社区应用中完成落地。

（二）远程办公新业态异军突起

为了避免人员聚集，不少企业纷纷响应国家号召，采取远程办公模式，鼓励员工居家办公，以减少病毒在返工过程中进一步扩散，有效切断病毒传染源，保护员工健康安全。数字化、移动化的远程办公方式可以突破参与工作的时空限制，不仅能避免线下聚集风险对企业运营的扰动，还能促使员工在办公时间上更为自由，在办公形式上更为灵活，从而减少通勤成本、提升工作效率。根据艾媒咨询的统计，新春复工期间，我国超过 1800 万家企业采用线上远程办公模式，超 3 亿人使用在线办公应用，复工后效率办公类 App 使用率平均涨幅为 72.2%。在由疫情触发的在线办公市场需求激增的背后，是企业经营、管理的数字化转型已迫在眉睫。

溯本追源，早在 20 世纪 70 年代远程办公的雏形就已出现，最早的家用电脑生产商 IBM 因为网络带宽不足，公司主机无法承担越来越庞大的开发需求，为解决公司内部主机拥堵问题，公司管理层决定给予员工在家中工作的权利，同时将公司虚拟服务器接入家中，进而通过虚拟局域网连接公司的各个成员，在线上进行工作的沟通与交流，经过一段时间的实践，公司的项目推进进度良好，由此远程办公成为 IBM 员工的可选项，进而影响到硅谷的大部分高科技公司，远程办公的浪潮渐渐兴起。截至 20 世纪的第一个十年末，IBM 公司已经实现了在全球范围内 173 家分公司实行远程办公的制度，15.4 万余名员工选择了居家办公，定期于线上举行会议进行沟通。远程办公同时也为 IBM 公司节约了大量的办公费用和管理费用，公司无须再去支付昂贵的中央商务区（CBD）办公楼的房租费用，员工也从冗长的会议和通勤中解放出来，把更多的精力投入到工作项目当中，公司反而达到了降本增效的效果。随着云计算、5G 等新一代信息技术的快速发展，异地办公、移动办公等远程办公模式，正在为更多的美国企业所接受。

欧美等发达国家已经有了数十年的远程办公的历史与习惯，在中国远程办公行业发展较晚，接受程度较低，无论在一二线都市，还是在三四线的中小城市，远程办公还是一件新鲜事，远程办公作为办公的辅助形式存在，渗透率相对较低。根据德勤管理咨询部门 2015 年的调查分析，我国选择远程办公的公司仅有 6000 余家，以远程办公为主要办公方式的人数不足 200 万人。随着新一代网络通信技术的发展，智能通信设备渐渐得到普及，远程办公的基础设施已经较为完善，互联网和数字科技也渐渐深入人心，腾讯、阿里等互联网公司开发出功能完善的远程办公软件，代表软件为腾讯会议，从技术方面解决了远程办公的障碍，截至 2018 年，我国远程办公人数扩充至 600 万人，同期远程办公平台市场规模也呈现较快的增长态势。根据中国信息通信研究院发布的数字经济白皮书统计，2018 年中国远程办公市场规模接近 234 亿元，较 2017 年同比增长 20.8%，2019 年则继续保持 15% 以上的行业规模增速。而在突如其来的疫情期间，风控措施导致更多人被迫接受了远程办公的形式，从而挖掘了基数庞大的远程办公潜在用户。根据百度搜索公布的数据，在 2020 年 1 月末至 2 月初疫情暴发初期，移动办公、视频会议等关键词搜索量暴涨，7 日环比上涨 521%，与此同时，资本市场具有远程办公概念的上市公司也受到了热捧，股票价格开始飙升，其后随着疫情政策的逐渐放松，远程办公搜索量在 2 月 3 日和 2 月 10 日两个复工日达到顶峰，远程办公日新增用户数量亦逐步走高，在 2 月 10 日暨复工日当天突破 400 万户。根据普华永道测算，中国远程办公市场存在巨大的增长空间，预测 2025 年远程办公市场规模将达到 449 亿元，2021~2023 年将是增速最快的三年。

（三）远程办公市场上的典型产品

面对疫情期间激增的远程办公需求，互联网和数字科技企业纷纷向外部机构免费开放内部远程办公软件，并不断开展远程办公软件的更新迭代，以期更好地满足用户的使用需求。一方面，可凸显企业的社会责任，增强品牌影响力；另一方面，则有利于促使企业及其员工形成远程办公的习惯，为拓展用户规模、提升用户黏性，以及在后疫情时代推出相关迭代产品、布局新场景、发展新业务奠定基础。

企业微信是市场上较具代表性的远程办公工具。腾讯微信团队开发的企业微信拥有腾讯生态下的海量用户支持，是专为企业打造的企业通信与办公工具，在远程办公领域具有先发优势。疫情期间经过不断更新迭代，解决了初期产品存在的不稳定、兼容性较差的问题，目前已经可以提供优秀的用户体验，可以做到随时随地发起语音视频会议，最高可同时支持 300 人线上参会；另外，针对企业用户开发出"万人全员群"等专属功能，实现公司管理层与员工保持实时沟通、高效传递信息等需求痛点，在一定程度上帮助许多中小微企业破解了协作之急；为疫情期间各级学校提供方便快捷的直播入口，帮助学校教师在企业微信班级群内发起群直播进行线上教学，学生可以在微信上进行在线学习，家长也可以在微信上在线观看授课学习过程，从而切实保障停课不停学。学校同时可以免费提供群直播、收集表、在线问诊等服务，根据移动数据和分析公司（App Annie）的数据显示，企业微信在疫情期间迎来使用高峰，2020 年 2 月企业微信下载量环比增长 171%，其中 2 月 21 日企业微信日活跃量高达 1374 万次，领跑远程办公市场。

同时，原本仅供阿里巴巴内部使用的钉钉、字节跳动内部使用的飞书、华为内部使用的数字化办公协作平台（WeLink），在疫情期间迅速加入远程办公赛道，为社会提供了稳定高效的及时通信工具。作为远程办公领域的后发者，钉钉在结合远程办公已有功能的基础上，开发出在线文档功能，方便企业员工在线协作，高效地完成项目工作。作为国内高科技领域的领军企业，字节跳动和华为开发的远程办公软件也各具特色，飞书和 WeLink 均已进入日活跃规模十万级俱乐部，迎来远程办公业务发展的新增长点。飞书承诺，为中小企业提供三年的免费服务，帮助更多企业高效协同办公。由此可见，"云办公"不仅成为疫情之下企业复工复产过程中的阶段性刚需，也正在发展为企业办公数字化的重要实现形态。

展望未来，伴随着 5G 和云计算等新一代信息技术的不断完善，以及软件应用模式的突破创新，远程办公将得到数字科技的更多支撑。互联网与科技巨头积极布局远程办公市场，不断迭代产品功能、优化产品性能，有助于促进不同行业、不同规模和有不同需求偏好的企业加速数字化转型，提升管理效率。可以预见，疫情过后，在日趋多元的市场需求激励下，远程办公及其衍生的企业服务市场成长空间广阔，这一市场将是互联网和数字科技企业求新谋变、布局数字化服务生态的重要蓝海。

7

未来五年是产业数字化转型的关键时期，也是实现"十四五"规划的重大战略机遇期，应该以国内内循环为基础，构建国内国际双循环相互促进的发展新局，以产业数字化转型全面支撑"双循环"发展新格局。基于研究结果，本书提出以下政策建议。

首先，加快数字新基建建设，夯实双循环重要基础。强化数字新基建布局，为全面重塑生产关系、释放生产资料潜力奠定基石。在信息基础设施领域，加快5G和光纤宽带"双千兆"网络建设，统筹部署传感器等泛在感知设施，合理布局云计算、边缘计算等算力基础设施。在融合基础设施领域，加快传统基础设施数字化转型，推广部署工业互联网，打造智能化交通环境，建设泛在电力物联网，升级智慧城市设施。在社会基础设施领域，积极推进基础设施智能化转型，建设智慧学校、智慧医院等设施。政府应通过一系列体制机制改革，为企业实施数字化转型营造良好的外部环境。数字科技革命给劳动密集型产业带来了发展良机，可以帮助企业缓解劳动力成本上涨压力，推动劳动密集型企业向智能制造企业转型升级。因此，政府应加大对劳动密集型企业的政策扶持力度，出台具有针对性的财税政策帮助企业完成数字化和智能化改造，同时加强大数据平台和分享工厂建设，推动企业制造资源与互联平台全面对接，通过共享生产资料的方式降低劳动密集型企业的数字化转型成本，提高劳动密集型企业的生产效率。

其次，深入推进产业数字化转型，提升产业链上下游企业竞争力。企业应提升工业互联网平台运营水平，推进产业数字化和数字产业化，加速推进制造业数字化发展进程。加强企业数字化发展顶层设计，做好企业业务流程、智能发展、系统互联、平台建设、数据共享、数据安全等方面统筹规划，为企业数据无缝流动奠定基础。持续推进工业互联网与智能制造、电子商务等有机结合、互促共进，加快研发、制造、管理、商务、物流、孵化等创业创新资源数字化改造和平台化共享。组织实施云工程，鼓励工业互联网平台企业带动中小企业业务系统向云端迁移，促进大中小企业融通发展。加快工业互联网平台监测分析服务平台建设，制定一批规范，重点制定工业互联网平台数据接入、运行监测、评估评价等规范。加强监测分析服务平台与重点工业互联网平台的数据对接，为监测分析服务提供平台运行、工业 App、上云设备、上云企业、相关产业运行等方面的基础数据。推动工业互联网平台落地，带动重点行业和集聚产业整体提升，鼓励行业龙头企业联合工业互联网平台开发定制化、易部署的工业 App，推动中小企业业务流程的规范化、标准化。加快大数据、人工智能、区块链等新兴技术在工业互联网平台中的应用推广，深化大数据技术应用，推进人工智能应用，引导平台企业布局区块链技术，推动平台间互联互通。加快工业互联网平台生态体系建设。培育两类开源社区，引导有关企业建设设备协议兼容的开源社区，开放各类标准兼容、协议转换的技术，实现工业数据在多源设备、异构系统之间的有序流动，确保设备"联得上"，培育行业共性知识开放的开源社区，引导工业互联网平台企业开放开发工具、知识组件、算法组件，构建开放共享、资源富集、创新活跃的工业 App 开发生态，确保行业机理模型"跟得上"。构建工业互联网 App 应用创新生态圈，发挥制造业各行业协会和软件协会的作用，鼓励制造企业、软件企业、工业数据分析企业、工业自动化公司、工业信息服务企业、互联网企业等联合成立细分行业工业软件联盟，加强工业软件联合开发和推广应用。加快工业App开发者人才队伍建设，筑牢工业互联网发展安全屏障，完善工业App技术标准体系，制定App技术架构、业务交互、安全防护等方面标准，促进程序兼容、互通和安全。健全工业互联网安全管理法律法规体系，强化应用企业主体责任，引导其增加安全投入，加大针对工业互联网安全供给企业的支持力度，促进安全技术成果转化和产品服务创新，加快建成满足、控制、网络、平台、数据等安全需求的多层次技术防控体系，全面提升产业安全保障能力。

再次，推动企业组织结构变革，重塑企业管理决策内核。数字化转型这类涉及面非常广的变革中，成立时间长且资产雄厚的企业面临的阻力会更大，长期形成的企业文化以及传统的思想观念及惯性，使得推动转型成为一件极为困难的事情。对于这类组织而言，与其"小火慢炖"地变革，不如"另起炉灶"，成立一个独立公司专门开展数字化业务。成立新的公司，可以将转型的力量和组织内的转型反对派有效地分隔开来，有利于新业务模式、新管理理念、新组织结构和新兴技术的推行，以形成符合数字化的新组织文化。新公司作为数字化转型的前沿阵地，也可以有效地积累数字化转型的先进经验，反过来用到传统组织的数字化转型中。企业应尽可能地利用好数字科技企业构筑的开放平台，凭借在专项赋能、连接创造和生态共建等方向的作为，开放平台有望成为参与各方复杂利益诉求的"最大公约数"，促成各方在客户数字化、产品数字化、管理数字化等领域"互递长勺"、合力突破。开放平台有助于破解线上场景高度分割、各方真实诉求都难以得到一站式满足的需求痛点。对C端用户而言，其生活服务需求具有综合性、连贯性，一般不愿在移动端承载过多的App，也不愿在达成一项或具有内在相关性的一系列需求时，不断跳出、进入不同的 App。对于平台的提供方及其合作机构而言，单一场景下的用户流量和用户活跃度处于低位，拉新、促活和留存的难度日益加大，跨行业自建新场景、新产品不仅会在开发和运营推广上投入过多，而且缺乏已有经验的积累，在各个层面都不具可操作性。以金融业为例，持牌机构直接转型社交、娱乐平台的难度极大，而社交、娱乐等场景 App 试图自建金融产品模块的尝试并不成功，整合各自优势、打通场景连接成为摆在各方面前的现实选择。

最后，实现产业数字化转型需要分类施策。第一，产业数字化转型会加剧各个地区的经济不平衡。改革开放以来，我国经济整体呈现出东部较强、中西部偏弱的现象，数字经济是欠发达地区实现"追赶式"发展的重要支撑，但由于其数字基础设施较薄弱，数字经济的带动作用也明显不如东部发达城市。地区间的数字经济不平衡持续扩大将阻碍数字经济的普惠性、共享性，进一步加剧东中西部的经济不平衡现象。数字经济发展不平衡不利于实现乡村全面振兴。乡村振兴战略是党的十九大提出的重要战略，数字经济的发展有助于通过信息化、数字化带动乡村地区的经济、社会发展，缩小乡村地区与城市经济社会等方面的差距。城市更容易获得和享受到数字经济发展带来的有益影响，而乡村地区由于知识和技术人才的匮乏，获得和应用数字技术的能力有限，进行数字化转型的难度较高，支持政策不足将加剧城乡发展的不平衡。第二，随着产业数字化转型的不断深入，我们要警惕企业创新发展中产生"小企业没能力创新，大企业没动力创新"的低效局面。在数字经济时代，掌握先进数字技术的企业更有能力进行研发创新投入，产生规模经济和范围经济，这一类企业具备明显的数字经济优势。由于数字经济的网络外部性，优势企业占据的市场份额越来越大，并逐渐进入其他领域，利用数字化逐渐获取市场垄断地位。而不具备数字经济优势的企业无法接触或者运用先进的数字技术提升发展效益，二者之间的收益差距会越来大。近几年，一些大的数字平台利用用户流量优势进行疯狂扩张，业务扩展到不同领域，成为超级平台，并阻碍了新的企业进入。而且，当一个行业内存在垄断性企业之后，该垄断性企业的创新动力也会逐渐减弱。从长远来看，数字鸿沟会产生"小企业没能力创新，大企业没动力创新"的低效局面，不利于企业创新能力的发展，割裂大小企业的协同发展能力。

同时，社会应关注随着数字经济发展引起的不同群体之间的代际沟通、教育失衡等问题。我国老龄化程度不断加深，老年人群体对数字化产品应用的掌握程度较低，难以享受数字经济带来的便利，如移动支付、线上问诊等，与年轻群体之间也产生了明显的代际沟通问题。同时，教育条件较好的地区或者家庭，拥有更多的数字教育资源，如在疫情期间，有条件的地区可以通过网络进行线上课程教育，学生还可以通过一些在线教育平台自主获取更多的知识或技能。而对于数字基础设施薄弱的地区或者条件有限的家庭，无法给予学生同等的数字教育资源。因此，群体之间数字鸿沟的存在减弱了数字经济成果在不同群体之间的有效共享。政府应发挥引领作用，提升数字化治理能力，促进产业数字化转型。积极实施数字技术相关人才培养计划，始终坚持人才是第一生产力，健全高等、职业院校在数字经济相关领域的人才培育机制。

参 考 文 献

[1] 曹雅丽. 美云智数："美的灯塔经验"助力企业数字化转型 [N]. 中国工业报，2022-04-12 (003).

[2] 刘海启. 以精准农业驱动农业现代化加速现代农业数字化转型 [J]. 中国农业资源与区划，2019, 40 (1)：1-6, 73.

[3] 刘勤. 智能财务的发展体系及其核心环节探索 [J]. 财务与会计，2020 (10)：11-14.

[4] 田杰棠，闫德利. 新基建和产业互联网：疫情后数字经济加速的"路与车"[J]. 山东大学学报（哲学社会科学版），2020 (3)：1-8.

[5] 王玉柱. 数字经济重塑全球经济格局——政策竞赛和规模经济驱动下的分化与整合 [J]. 国际展望，2018, 10 (4)：60-79, 154-155.

[6] 肖旭，戚聿东. 产业数字化转型的价值维度与理论逻辑 [J]. 改革，2019 (8)：61-70.

[7] 叶子. 制造业加速迈向数字化 [N]. 人民日报海外版，2022-03-15 (005).

[8] 殷浩栋，霍鹏，肖荣美，高雨晨. 智慧农业发展的底层逻辑、现实约束与突破路径 [J]. 改革，2021 (11)：95-103.

[9] 张庆龙. 智能财务研究述评 [J]. 财会月刊，2021 (3)：9-16.

[10] 赵宸宇，王文春，李雪松. 数字化转型如何影响企业全要素

生产率 [J]. 财贸经济, 2021, 42 (7): 114 - 129.

[11] 朱克力. 灯塔工厂 科创引领数字化转型 [J]. 企业家, 2022 (4): 40 - 42.

[12] 祝合良, 王春娟. "双循环" 新发展格局战略背景下产业数字化转型: 理论与对策 [J]. 财贸经济, 2021, 42 (3): 14 - 27.

图书在版编目（CIP）数据

产业数字化转型研究/彭程，王宏利著. —北京：
经济科学出版社，2022.12
ISBN 978 - 7 - 5218 - 4380 - 4

Ⅰ. ①产…　Ⅱ. ①彭… ②王…　Ⅲ. ①产业经济 -
转型经济 - 数字化 - 研究 - 中国　Ⅳ. ①F269.2

中国版本图书馆 CIP 数据核字（2022）第 223976 号

责任编辑：初少磊
责任校对：王肖楠　孙　晨
责任印制：范　艳

产业数字化转型研究

彭程　王宏利　著
经济科学出版社出版、发行　新华书店经销
社址：北京市海淀区阜成路甲 28 号　邮编：100142
总编部电话：010 - 88191217　发行部电话：010 - 88191522
网址：www. esp. com. cn
电子邮箱：esp@ esp. com. cn
天猫网店：经济科学出版社旗舰店
网址：http：//jjkxcbs. tmall. com
北京季蜂印刷有限公司印装
710×1000　16 开　9.25 印张　120000 字
2022 年 12 月第 1 版　2022 年 12 月第 1 次印刷
ISBN 978 - 7 - 5218 - 4380 - 4　定价：48.00 元
（图书出现印装问题，本社负责调换。电话：010 - 88191545）
（版权所有　侵权必究　打击盗版　举报热线：010 - 88191661
QQ：2242791300　营销中心电话：010 - 88191537
电子邮箱：dbts@ esp. com. cn）